Susanne Müller

HEJ.

STIRNBÄNDER STRICKEN

20 Designs und spannende Muster

EMF

EIN BUCH DER
DITION MICHAEL FISCHE

VORWORT

Als ich nach dem Studium wieder zu den Stricknadeln griff, hatte ich jahrelang nicht mehr gestrickt. Doch es entwickelte sich schnell eine kleine, naja, eigentlich große Sucht, und man traf mich fast immer und überall strickend an.

Meiner Ungeduld ist es zu verdanken, dass ich am liebsten kleine Projekte, wie Mützen und Stirnbänder, auf den Nadeln hatte. Bald erhielt ich Anfragen von Kollegen und Freunden, die von meinen gestrickten Accessoires begeistert waren.

Und so begann ich zunächst spaßeshalber Aufträge anzunehmen. 2011 gründete ich schließlich mein kleines Label Paula_m, benannt nach meiner Großmutter, die mich schon als Kind für Handarbeiten begeisterte.

Stirnbänder waren jahrelang der Bestseller in meinem Dawanda-Shop und gehören auch heute noch zu meinen absoluten Lieblingsteilen.

Sie sind schnell gestrickt und vielfältig einsetzbar. Stirnbänder sind das ideale Accessoire für alle, die gerne Dutt oder Pferdeschwanz tragen. Sie können an Bad-Hair-Days aber auch mal die Haare im Zaum halten. Und sie sorgen jederzeit für kuschlig warme Ohren.

In diesem Buch findet ihr 20 Anleitungen für ganz verschiedene Stirnbänder. Zum Teil sind es Klassiker, die ich jahrelang in meinem Online-Shop verkauft habe. Aber es sind auch viele neue Modelle dabei, die ich extra für dieses Buch entworfen habe.

Ob im Turbanstil, im aufwendigen Zopfmuster oder ganz einfach kraus rechts, ich bin mir sicher, ihr findet euer ganz persönliches Lieblingsstirnband.

Anfänger*innen können sich problemlos an die Modelle wagen, eignet sich so ein kleines Projekt doch perfekt zum Üben und garantiert ein schnelles Erfolgserlebnis. Doch auch für geübtere Stricker ist hier die eine oder andere Herausforderung vorhanden.

Ich freue mich, mit euch viele Stirnbänder zu stricken. Besucht mich gerne auf Instagram (@paulastrickt), um einen Einblick in meinen „Strickalltag" zu bekommen, und zeigt mir eure Stirnbänder!

Viel Spaß beim Stricken!

Eure Susanne

INHALTSVERZEICHNIS

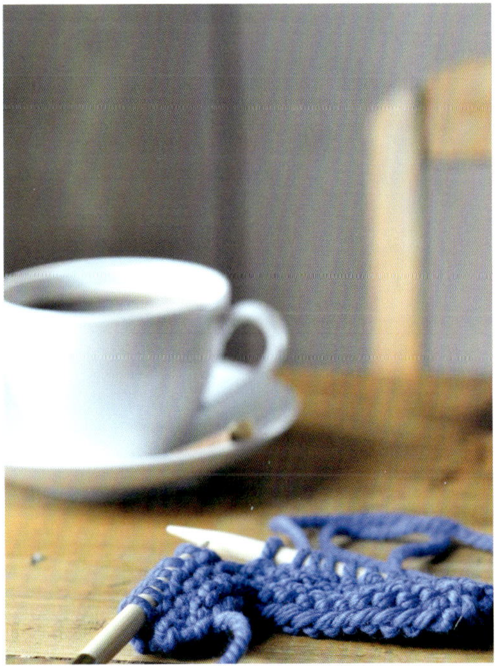

Zum Download der Vorlagen QR-Code scannen oder das Buch unter emf-verlag.de suchen und dort „Downloads" anklicken.

Bevor es losgeht

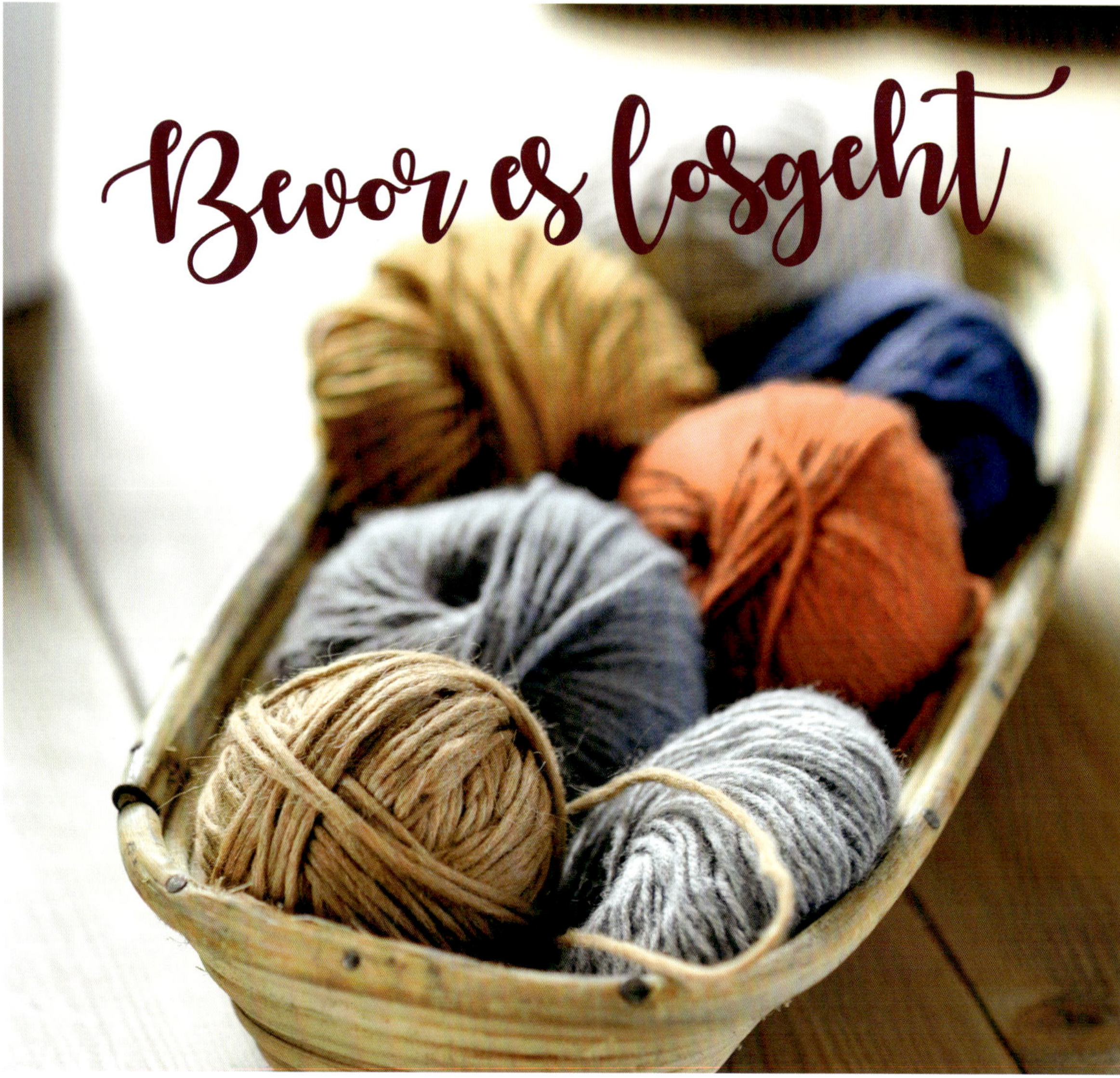

STRICKNADELN

Stricknadeln sind in verschiedensten Stärken und Materialien erhältlich. Welche ihr nutzt, hängt von euren Vorlieben, der Anwendung und dem Garn ab. Für Stirnbänder bevorzuge ich 60 cm lange Rundstricknadeln oder zwei Nadeln von 20 cm Länge. Wird in Runden gestrickt, ist eine 50 cm lange Rundstricknadel gut geeignet.

Auf Garnbanderolen steht meist eine Empfehlung für die Nadelstärke. Experimentiert hier aber ruhig, je nachdem, ob ihr ein eher festes oder lockeres Maschenbild wünscht.

Gleiches gilt für das Material der Nadeln. Bambus, Holz, Metall oder Kunststoff – es gibt keine Regeln. Wählt die Nadeln, die sich am besten für das Garn eignen und sich für euch am besten anfühlen.

Holznadeln sind z. B. griffig und halten die Maschen gut fest. Sie sind gut geeignet, wenn ihr eher locker strickt. Metallnadeln mit ihrer glatten Oberfläche dagegen sind optimal für diejenigen, die eher fest stricken. Praktisch für alle, die gern mehrere Projekte auf den Nadeln haben, sind Schraub- und Klicksysteme, bei denen man Nadelspitzen verschiedener Stärke mit verschieden langen Seilen kombiniert.

WEITERES ZUBEHÖR

Die Nadeln sind zwar das Hauptwerkzeug beim Stricken, doch es gibt einige praktische Hilfsmittel, die stets von Nutzen sind und euch das Stricken erleichtern. Dazu gehören Klassiker, wie eine scharfe Schere zum Abschneiden des Garns, eine Wollnadel zum Zusammennähen und zum Vernähen der Fäden sowie ein Maßband zum Prüfen der Maschenprobe. Ein Nadelmaß ist nützlich, wenn die Stärke nicht auf der Nadel vermerkt ist. Zopfnadeln werden zum Überkreuzen der Maschen im Zopfmuster benötigt und sind für viele Projekte in diesem Buch unverzichtbar. Habt ihr keine Zopfnadel zur Hand, reicht die Nadel eines Nadelspiels oder eine andere kurze Nadel. Bei Stirnbändern, die in Runden gestrickt werden, sind Maschenmarkierer zum Kennzeichnen des Rundenanfangs hilfreich. Alternativ könnt ihr eine Schlaufe aus kontrastfarbenem Garn verwenden. Sicherheitsnadeln sind perfekte Helfer, um Maschen stillzulegen.

Einen Strickfingerhut empfehle ich allen, die wenig Erfahrung im zweifarbigen Stricken und Schwierigkeiten mit der Fadenhaltung haben. Für provisorisch angeschlagene Stirnbänder braucht ihr außerdem eine Häkelnadel.

GARNAUSWAHL

Es gibt eine unendlich große Auswahl an Handstrickgarnen – da fällt die Entscheidung manchmal schwer. Am besten besucht ihr einen Wollladen in eurer Nähe und seht euch die erhältliche Auswahl selbst an. Ich liebe es, durch „mein" Wollgeschäft vor Ort (umgarnt.de) zu streifen, die Wolle anzufassen, mich ausgiebig beraten zu lassen und Inspirationen zu sammeln.

Achtet beim Garnkauf auf gute Qualität, auch wenn diese manchmal etwas teurer ist. Für ein kleines Projekt wie ein Stirnband benötigt man nur 1-2 Knäuel, da kann man sich ein bisschen Luxus gönnen. Für die Stirnbänder in diesem Buch wurden hochwertige Garne verschiedenster Zusammensetzung, aus Wolle, Mohair, Alpaka, Seide, Kaschmir und Baumwolle verwendet. Wenn ihr das in der Anleitung angegebene Garn ersetzen wollt, wählt eines, das etwa die gleiche Stärke/Lauflänge hat. Macht eine Maschenprobe und vergleicht sie mit den Angaben in der Anleitung.

MASCHENPROBE

Die Maschenprobe ist wichtiger Bestandteil jeder Strickanleitung, wird aber gern mal übersehen. Bevor ihr beginnt, solltet ihr unbedingt eine Maschenprobe anfertigen. Strickt ein Quadrat von ca. 13 x 13 cm und messt es auf einer flachen Unterlage ungedehnt aus. Die Anzahl der Maschen und Reihen à 10 cm sollte mit den Angaben in der Anleitung übereinstimmen. Da jeder anders strickt, ist dies selten der Fall und die Nadelstärke muss angepasst werden. Ich stricke eher fest, d. h. die Anzahl der Maschen und Reihen ist für gewöhnlich größer als angegeben. Daher verwende ich meist eine halbe bis ganze Nadelstärke größer. Wer lockerer strickt, wechselt zu dünneren Nadeln.

FERTIGSTELLUNG

Die vorgestellten Stirnbänder werden hauptsächlich in Reihen gestrickt, daher empfiehlt es sich, das Strickstück vor dem Abketten noch einmal um den Kopf zu legen, um zu testen, ob es passt, und ggf. ein paar Reihen mehr oder weniger zu stricken. Anschlag- und Abkettkante werden anschließend im Maschenstich zusammengenäht. Je sorgfältiger ihr hier arbeitet, desto unsichtbarer wird die Naht. Für eine perfekte Naht arbeite ich auch sehr gerne mit dem provisorischen Maschenanschlag. Nachdem alle Fäden vernäht sind, solltet ihr das Stirnband vorsichtig unter einem feuchten Tuch dämpfen oder mit einer Sprühflasche anfeuchten. Anschließend müsst ihr es nur noch in Form ziehen und trocknen lassen.

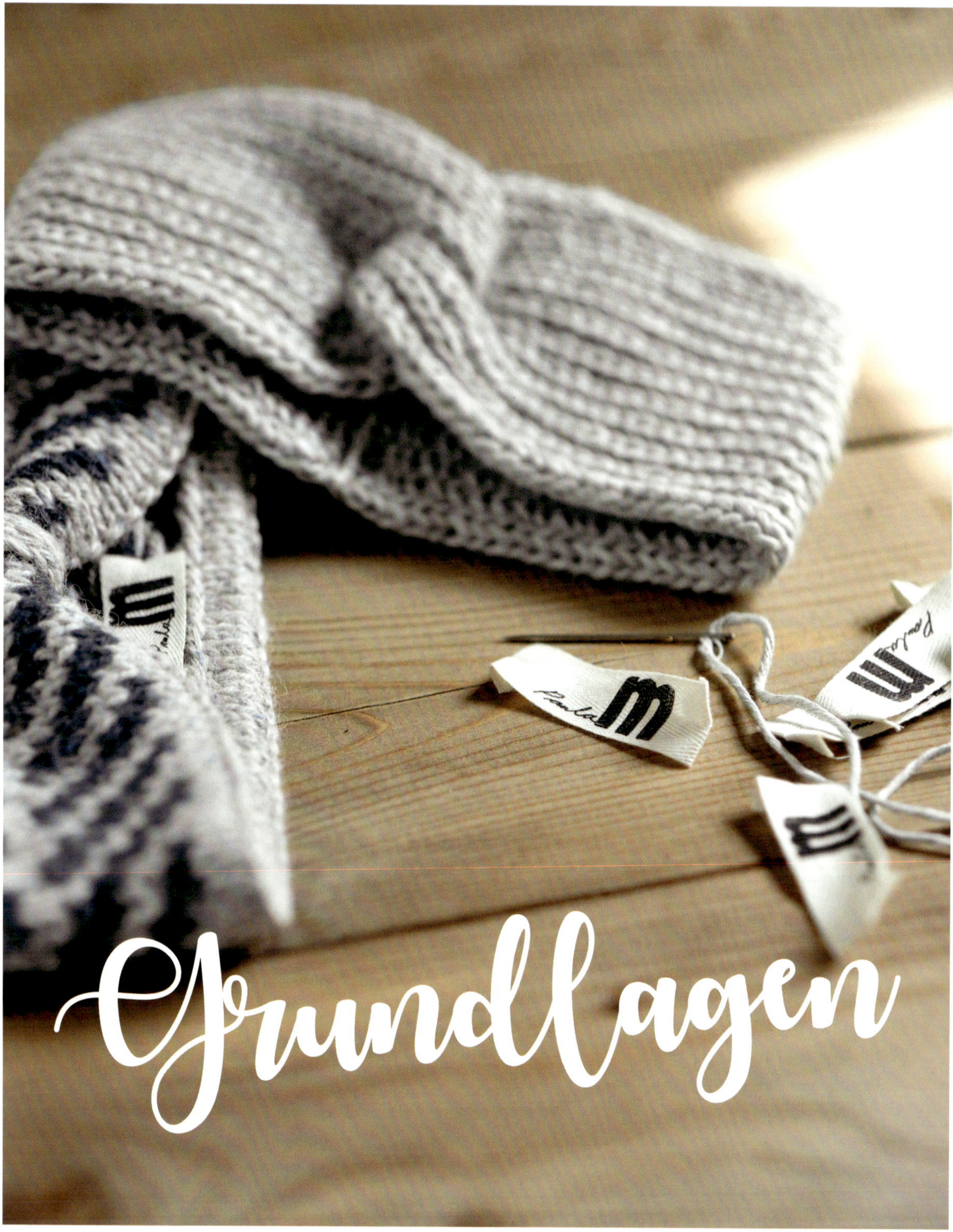

Grundlagen

MASCHEN VERDOPPELN

Die Masche rechts stricken, aber noch nicht von der linken Nadel heben (1.–3.). Unter dem hinteren Maschenschenkel derselben Masche noch einmal einstechen und rechts verschränkt stricken, erst dann die Masche von der Nadel gleiten lassen (4.–5.).

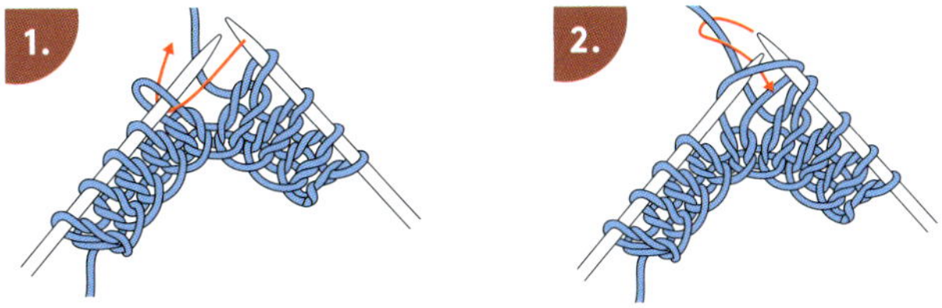

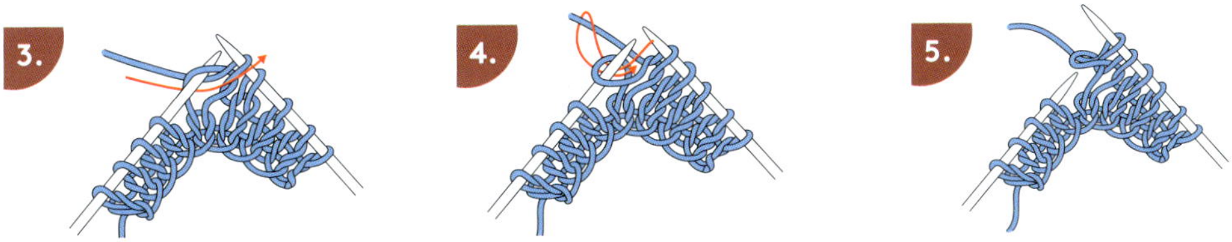

RECHTS VERSCHRÄNKTE ZUNAHME LINKS GENEIGT

1. Mit der linken Nadel von vorne den Querfaden zwischen den Nadeln aufnehmen.

2.–3. Diesen Querfaden rechts verschränkt (also durch den hinteren Maschenschenkel) stricken und von der linken Nadel gleiten lassen.

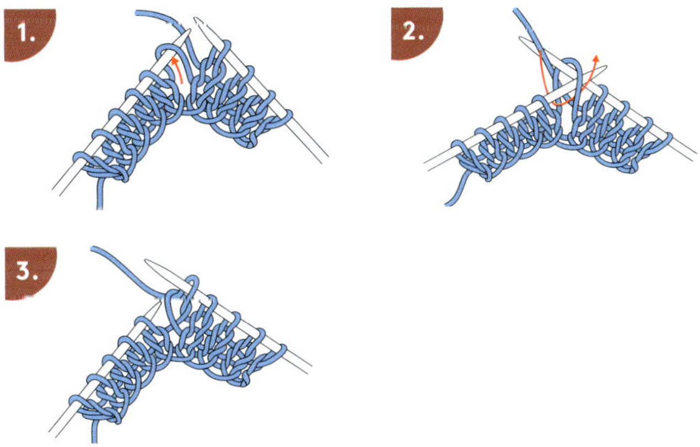

RECHTS VERSCHRÄNKTE ZUNAHME RECHTS GENEIGT

1. Mit der linken Nadel von hinten den Querfaden zwischen den Nadeln aufnehmen.

2.–3. Diesen Querfaden normal rechts abstricken und von der linken Nadel gleiten lassen.

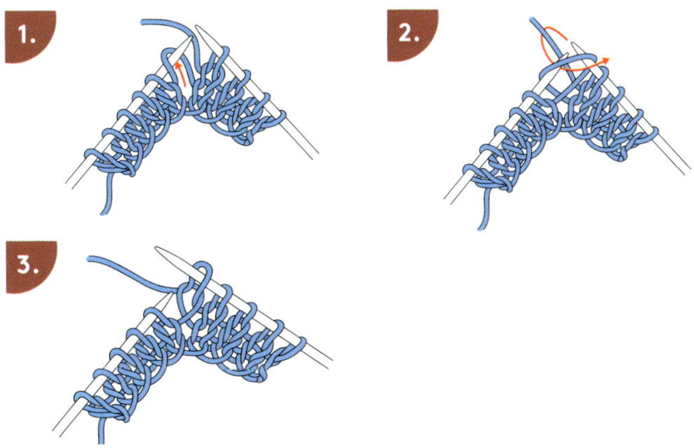

LINKS VERSCHRÄNKTE ZUNAHME LINKS GENEIGT

1. Den Arbeitsfaden vor die Arbeit holen. Den Querfaden zwischen zwei Maschen mit der linken Nadel von vorn nach hinten aufnehmen.

2. Mit der rechten Nadel von links nach rechts in den hinteren Maschenschenkel einstechen und den Querfaden links verschränkt abstricken.

1.

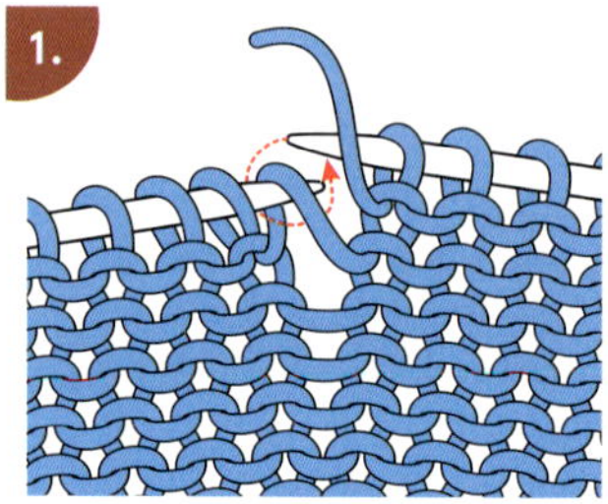

2.

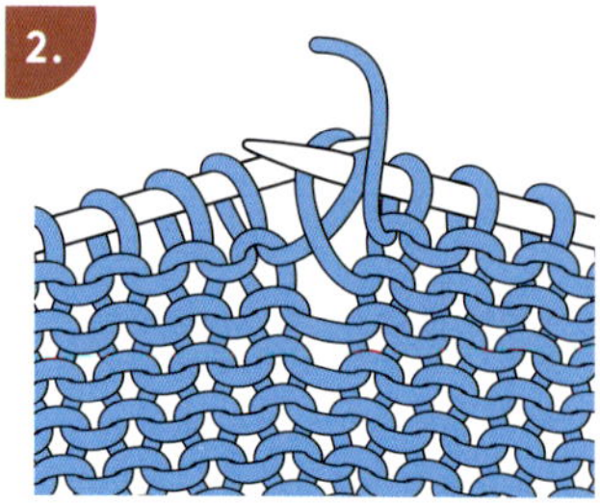

RECHTS GENEIGTE ABNAHME (2 MASCHEN ZUSAMMENSTRICKEN)

1. In die zweite Masche auf der linken Nadel wie zum Rechtsstricken einstechen und auch durch die erste Masche stechen.

2. Den Faden durch beide Maschen holen.

3. Eine rechte Masche stricken und beide Maschen von der linken Nadel gleiten lassen.

1.

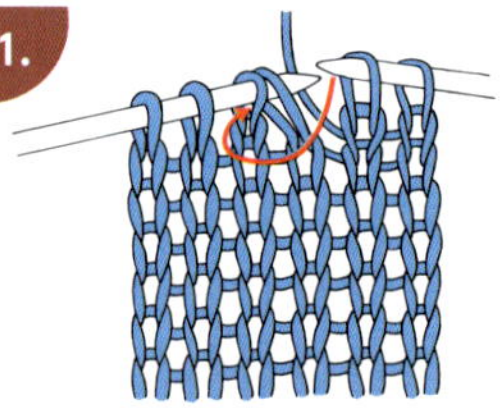

2.

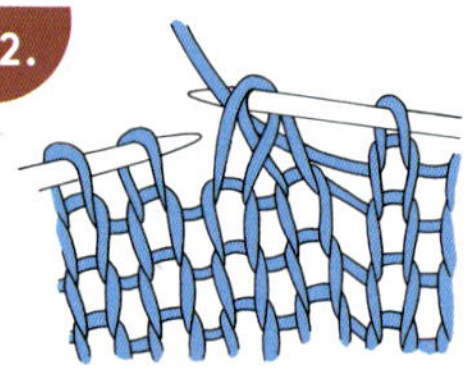

3.

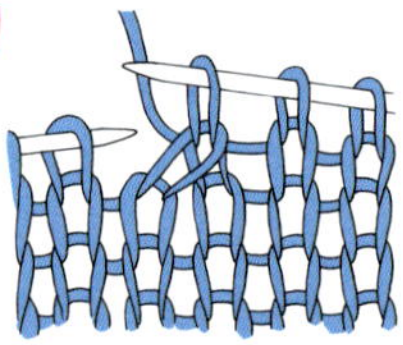

LINKS GENEIGTE ABNAHME

1. Die nächste Masche wie zum Rechtsstricken abheben.

2. Die folgende Masche rechts stricken.

3. Die abgehobene Masche über die soeben gestrickte Masche ziehen.

TIPP: ***Hier lässt sich stattdessen auch das Slip-Slip-Knit-Verfahren anwenden:***

1. Zwei Maschen nacheinander wie zum Rechtsstricken abheben.

2. Die beiden Maschen in dieser Orientierung wieder auf die linke Nadel heben und rechts verschränkt zusammenstricken.

1.

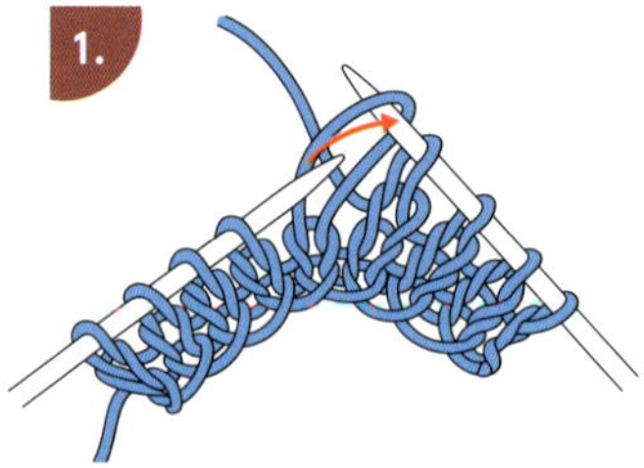

2.

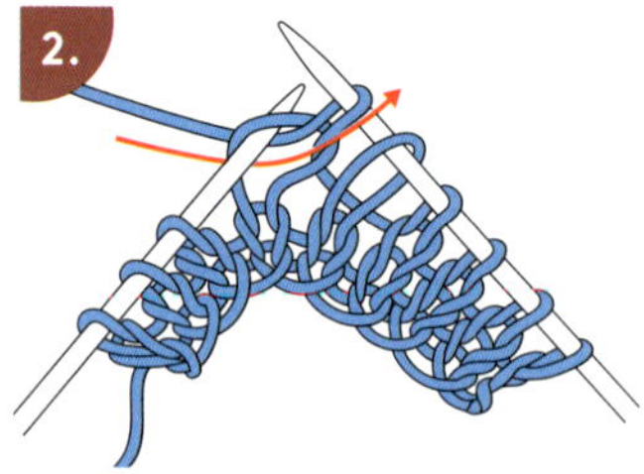

3.

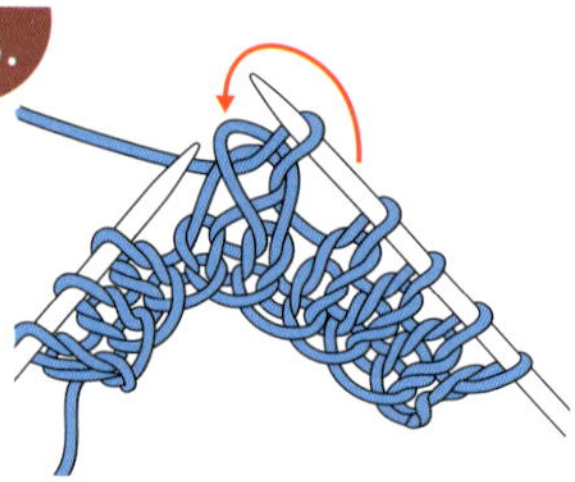

DOPPELTE NACH LINKS GENEIGTE ABNAHME

1. Eine Masche wie zum Rechtsstricken abheben.

2. Die folgenden zwei Maschen rechts zusammenstricken.

3. Dann die abgehobene Masche über die zusammengestrickten Maschen ziehen.

ZWEI MASCHEN LINKS ZUSAMMENSTRICKEN

Mit der rechten Nadel von rechts nach links gleichzeitig in 2 Maschen einstechen und links abstricken.

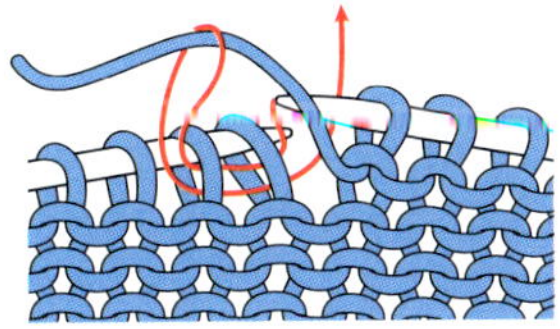

DREI MASCHEN LINKS ZUSAMMENSTRICKEN

Mit der rechten Nadel von rechts nach links gleichzeitig in 3 Maschen einstechen und links abstricken.

PROVISORISCHER ANSCHLAG

1. Mit einem kontrastfarbenen Hilfsfaden eine Luftmasche häkeln. Die Stricknadel vor den Arbeitsfaden legen und mit der Häkelnadel den Faden über der Stricknadel holen und durch die Luftmasche ziehen.

2. Den Faden wieder unter die Stricknadel legen und die nächste Luftmasche häkeln.

3. So viele Maschen häkeln, bis die Anzahl der Schlingen auf der Stricknadel mit der benötigten Maschenzahl übereinstimmt.

4. Zum eigentlichen Garn wechseln, im angegebenen Muster stricken.

5.–6. Ist das Strickstück beendet, die Luftmaschenkette vorsichtig lösen und die frei werdenden Maschen auf einer Stricknadel auffangen.

1.

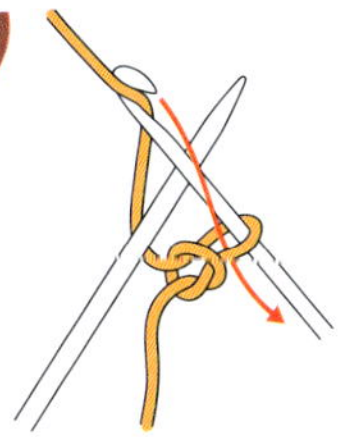

2.

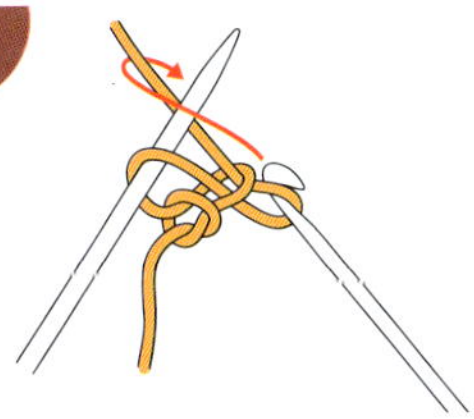

3.

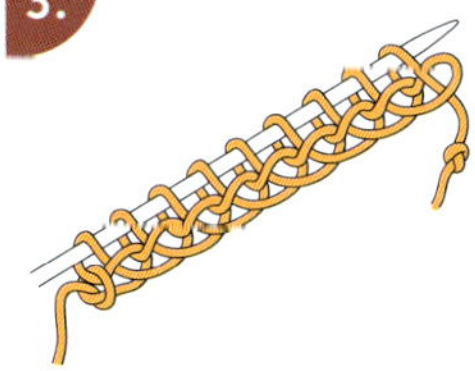

4.

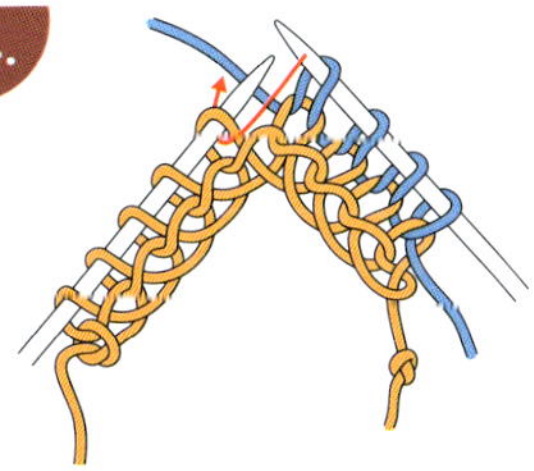

5.

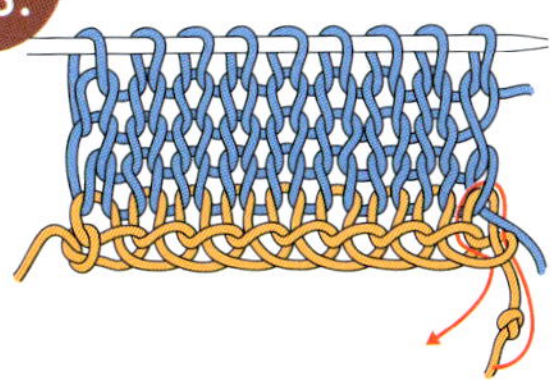

6.

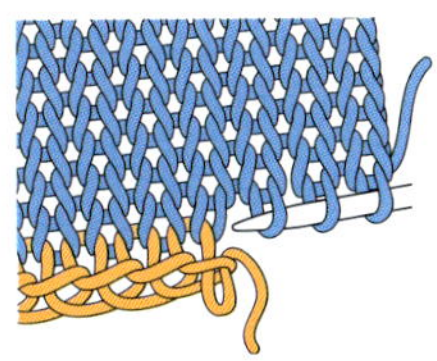

I-CORD

Die I-Cord wird für gewöhnlich auf 2 Nadeln eines Nadelspiels gestrickt. 3 bzw. 4 Maschen anschlagen. Nicht wenden, sondern die Maschen wieder nach rechts ans andere Ende der Nadel schieben. Den Faden auf der Rückseite wieder an den Nadelanfang führen und die Maschen erneut rechts in die gleiche Richtung abstricken. Nach der ersten Masche den Faden etwas anziehen. In dieser Weise fortfahren, d. h. die Maschen am Reihenende immer wieder zum anderen Ende der Nadel schieben und abstricken, bis die gewünschte Länge der Schnur erreicht ist.

TIEFERGESTOCHENE MASCHE

Für eine tiefergestochene Masche nicht in die Schlinge einstechen, die auf der Nadel liegt, sondern eine Reihe tiefer in die Masche der Vorreihe einstechen und diese rechts stricken. Dabei die obere Masche von der linken Nadel gleiten lassen, diese Masche löst sich auf.

ZWEI MASCHEN NACH RECHTS VERKREUZEN

Zuerst die zweite Masche auf der linken Nadel rechts stricken, dann die erste Masche rechts stricken und beide Maschen von der linken Nadel gleiten lassen.

ZWEI MASCHEN NACH LINKS VERKREUZEN

Zuerst die zweite Masche auf der linken Nadel rechts verschränkt stricken, dann die erste Masche rechts stricken und beide Maschen von der linken Nadel gleiten lassen.

UMSCHLÄGE

A) 1 Umschlag: Den Faden von vorn nach hinten über die rechte Nadel legen und wie gewohnt rechts weiterstricken.

B) 2 Umschläge: Den Faden 2 x von vorn nach hinten um die rechte Nadel legen und wie gewohnt links weiterstricken.

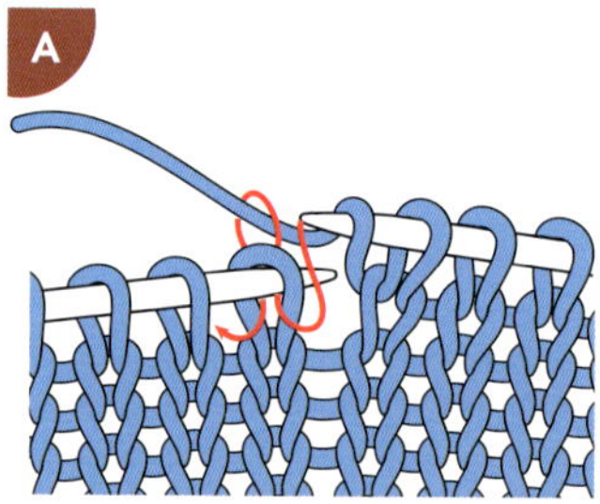

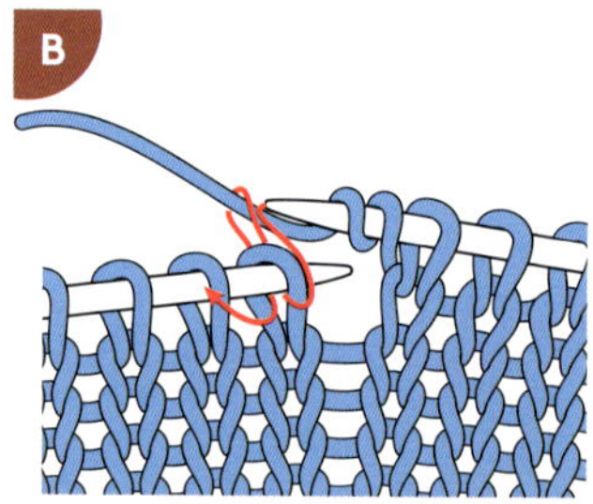

ÜBERWENDLINGSSTICH

Der Überwendlingsstich wird auch zum Versäubern von Kanten verwendet (s. Abb.). Doch er eignet sich ebenso zum Zusammennähen. Hierfür die Strickstücke rechts auf rechts aufeinanderlegen. Der Faden wird stets über den Rand nach hinten geführt und von hinten durch die zwei Teile gestochen.

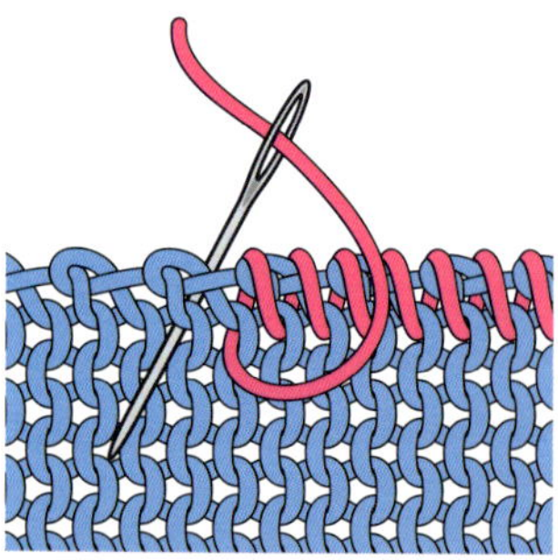

RECHTS VERSCHRÄNKTE MASCHE

In das hintere Maschenglied von rechts nach links einstechen und die Masche rechts abstricken.

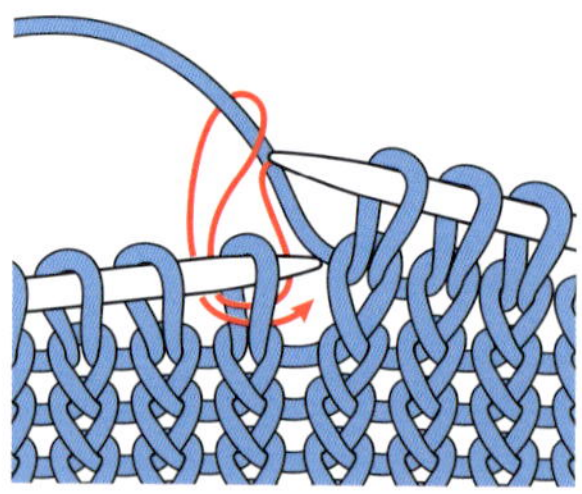

MATRATZENSTICH

Kraus rechts: Die Wollnadel von unten nach oben abwechselnd rechts und links einführen. Dabei links stets die nach oben gerichteten Maschenschlaufen ergreifen, rechts die nach unten gerichteten.

Der Matratzenstich kann auf diese Weise auch für alle anderen Muster angewendet werden. Da er auf der rechten Seite ausgeführt wird, ist jederzeit gut sichtbar, wie er sich in das Maschenbild einfügt.

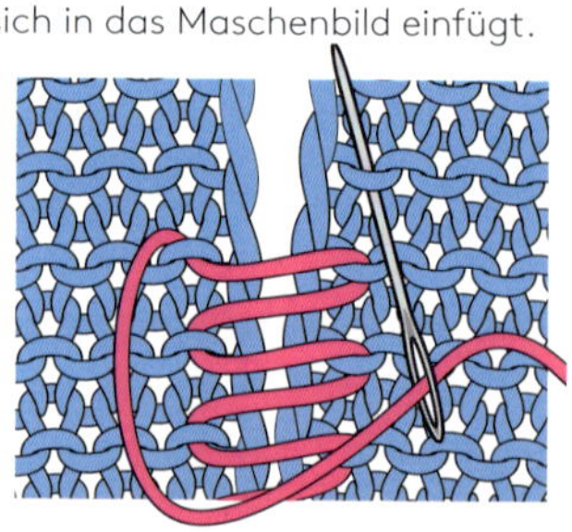

MASCHENSTICH BEI ABGEKETTETEN KANTEN

Die beiden Teile mit der Vorderseite nach oben Kante an Kante legen. Die Wollnadel auf der einen Seite in der Mitte der ersten Masche (unter der abgeketteten Masche) von unten nach oben ausstechen. Nun auf der gegenüberliegenden Seite den Faden unter beiden Maschenschenkeln der ersten Masche durchführen und zwischen erster und zweiter Masche auf der Vorderseite ausstechen. Danach wieder auf die andere Seite wechseln, in die Mitte der ersten Masche einstechen und unter den Maschenschenkeln hindurch in der Mitte der zweiten Masche ausstechen. So fortfahren, d.h. abwechselnd die beiden Maschenschenkel der gegenüberliegenden Seiten erfassen.

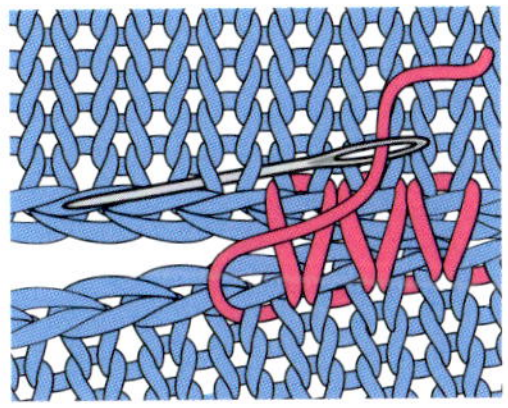

MASCHENSTICH BEI OFFENEN KANTEN

Beide Maschenreihen auf je einer Stricknadel parallel zueinander halten, sodass sich die zu verbindenden Maschen gegenüberliegen.

1. Mit der Wollnadel in die erste Masche der vorderen Stricknadel wie zum Linksstricken einstechen, den Faden durchziehen, die Masche bleibt auf der Nadel.

2. In die erste Masche der hinteren Stricknadel wie zum Rechtsstricken einstechen, den Faden durchziehen, die Masche bleibt auf der Nadel.

3. In die erste Masche der vorderen Nadel wie zum Rechtsstricken einstechen, den Faden durchziehen, die Masche von der Nadel heben.

4. In die folgende Masche der vorderen Nadel wie zum Linksstricken einstechen, den Faden durchziehen, die Masche aber noch nicht von der Nadel heben.

5. In die erste Masche der hinteren Nadel wie zum Linksstricken einstechen, den Faden durchziehen und die Masche von der Nadel heben.

6. In die folgende Masche der hinteren Nadel wie zum Rechtsstricken einstechen, den Faden durchziehen, die Masche aber noch nicht von der Nadel heben.

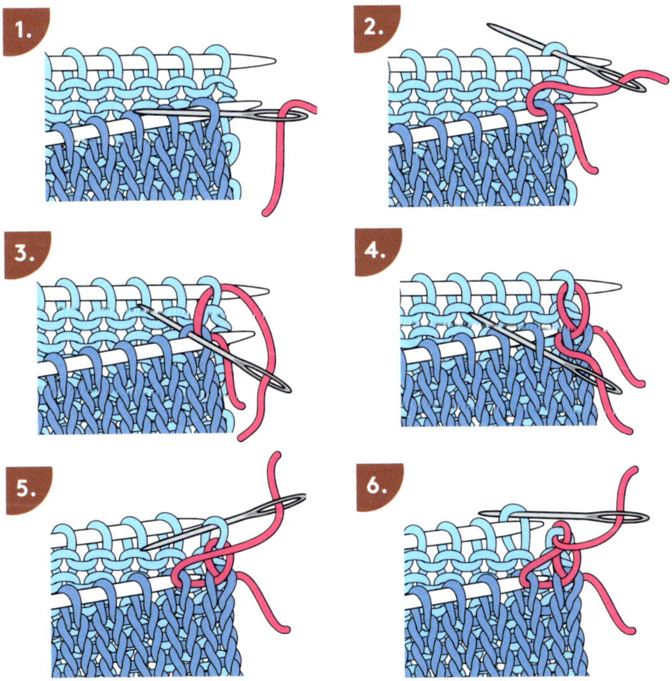

Die Schritte 3–6 wiederholen, bis sich noch je eine Masche auf den Nadeln befindet. In die letzte Masche der vorderen Nadel wie zum Rechtsstricken einstechen, den Faden durchziehen und die Masche von der Nadel heben. In die letzte Masche der hinteren Nadel wie zum Linksstricken einstechen, den Faden durchziehen und die Masche von der Nadel heben. Es entsteht eine nahezu unsichtbare Naht.

SCHWIERIGKEITSGRADE

einfach

benötigt etwas Übung

anspruchsvoll

ABKÜRZUNGEN

abh = abheben
abk = abketten
abn/Abn = abnehmen/Abnahme(n)
anschl = anschlagen
Fb = Farbe
FV = Faden vor der Arbeit
HF = Hauptfarbe
KF = Kontrastfarbe
LL = Lauflänge
Lvkr = Maschen nach links verkreuzen
M = Masche(n)
Nd = Nadel
QF = Querfaden
R = Reihe(n)
Rd = Runde(n)
Rvkr = Maschen nach rechts verkreuzen
str = stricken
tg = tiefergestochen
U = Umschlag/Umschläge
verschr = verschränkt
wdh = wiederholen
z.B. = zum Beispiel
zun/Zun = zunehmen/Zunahme(n)
zus = zusammen

LEGENDE

1 rechte Masche
1 linke Masche
1 Randmasche
1 Masche rechts tiefergestochen
1 Umschlag
2 Umschläge und 1 Masche links
2 Maschen rechts zusammenstricken

2 Maschen auf eine Hilfsnadel vor die Arbeit legen, 2 Maschen rechts stricken, dann die 2 Maschen der Hilfsnadel rechts stricken

2 Maschen auf eine Hilfsnadel hinter die Arbeit legen, 2 Maschen rechts stricken, dann die 2 Maschen der Hilfsnadel rechts stricken

3 Maschen auf eine Hilfsnadel vor die Arbeit legen, 3 Maschen rechts stricken, dann die 3 Maschen der Hilfsnadel rechts stricken

3 Maschen auf eine Hilfsnadel hinter die Arbeit legen, 3 Maschen rechts stricken, dann die 3 Maschen der Hilfsnadel rechts stricken

1 Masche auf eine Hilfsnadel hinter die Arbeit legen, (1 Masche rechts tiefergestochen, 1 Masche links, 1 Masche rechts tiefergestochen), 1 Masche der Hilfsnadel links stricken

3 Maschen auf eine Hilfsnadel vor die Arbeit legen, 1 Masche links, 3 Maschen der Hilfsnadel stricken (1 Masche rechts tiefergestochen, 1 Masche links, 1 Masche rechts tiefergestochen)

6 Maschen auf eine Hilfsnadel hinter die Arbeit legen, 1 Masche links, 4 Maschen rechts, 1 Masche links, dann die 6 Maschen der Hilfsnadel stricken (1 Masche links, 4 Maschen rechts, 1 Masche links)

6 Maschen auf eine Hilfsnadel vor die Arbeit legen, 5 Maschen rechts, 1 Masche links, dann die 6 Maschen der Hilfsnadel stricken (1 Masche links, 4 Maschen rechts, 1 Masche links)

6 Maschen auf eine Hilfsnadel vor die Arbeit legen, 1 Masche links, 4 Maschen rechts, 1 Masche links, dann die 6 Maschen der Hilfsnadel stricken (1 Masche links, 5 Maschen rechts)

8 Maschen auf eine Hilfsnadel vor die Arbeit legen, 2 Maschen rechts, dabei die Umschläge der Vorreihe fallen lassen und die Maschen lang ziehen, die 8 Maschen der Hilfsnadel rechts stricken

2 Maschen auf eine Hilfsnadel hinter die Arbeit legen, dabei die Umschläge der Vorreihe fallen lassen und die Maschen lang ziehen, 8 Maschen rechts, die 2 langgezogenen Maschen der Hilfsnadel rechts stricken

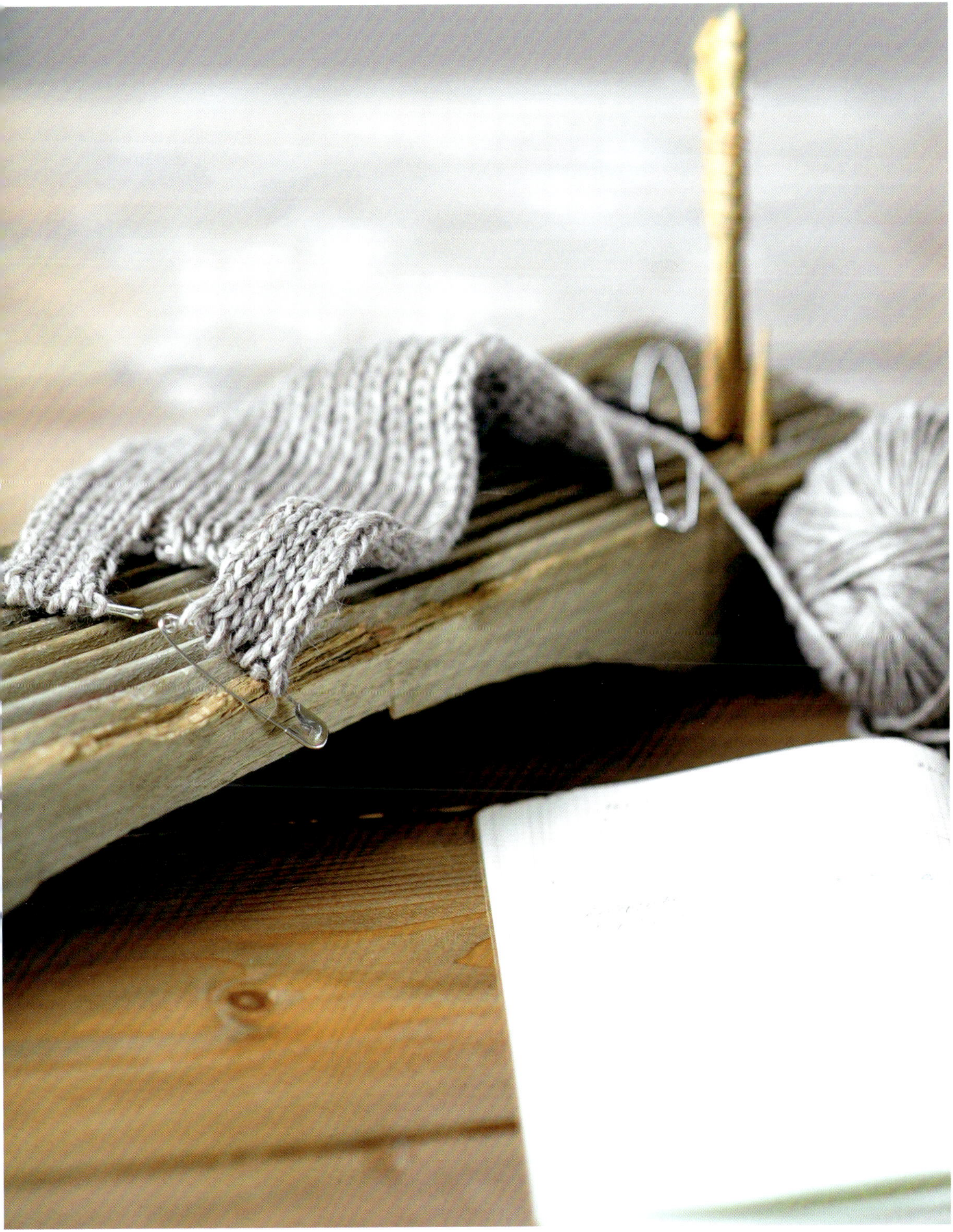

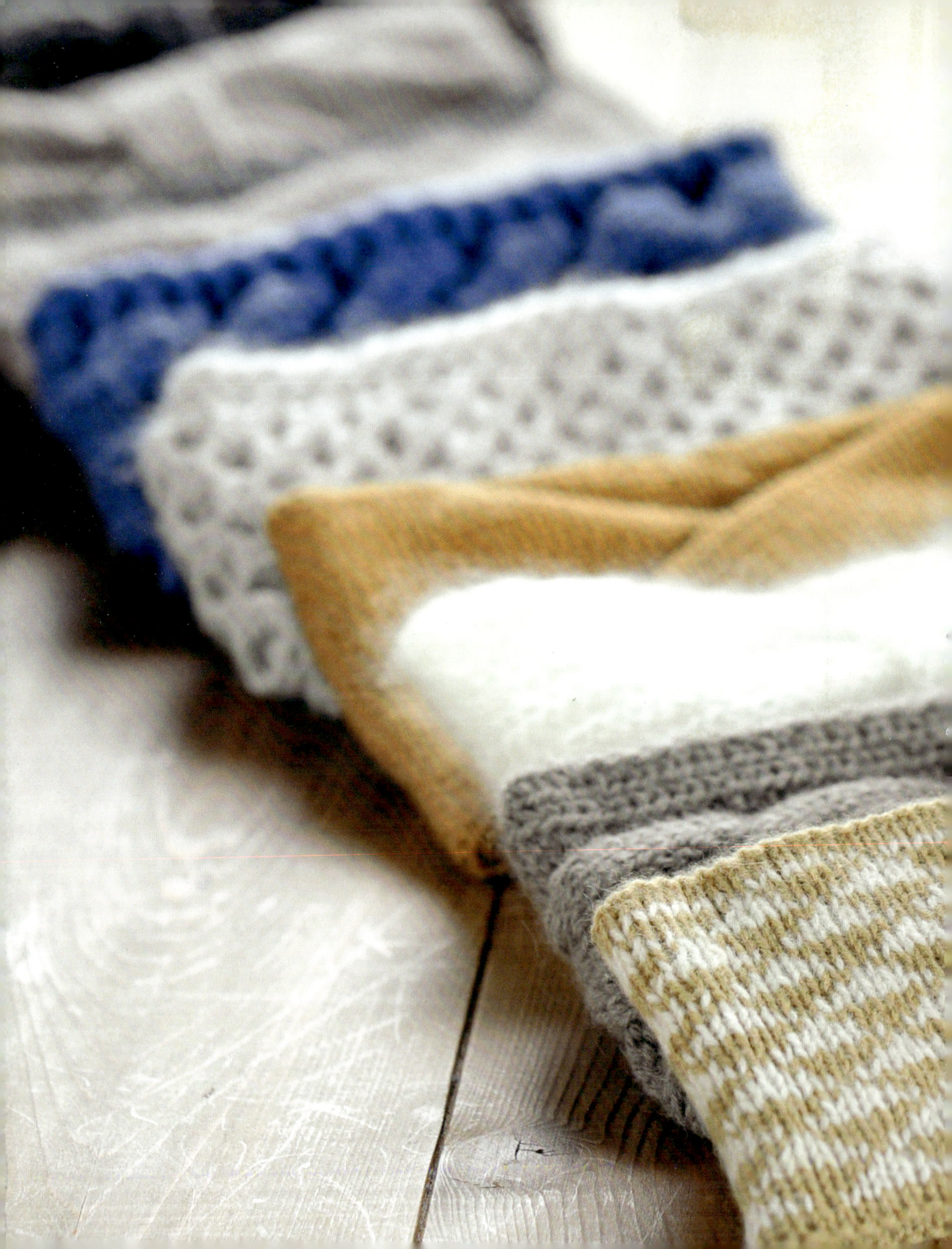

Los geht's

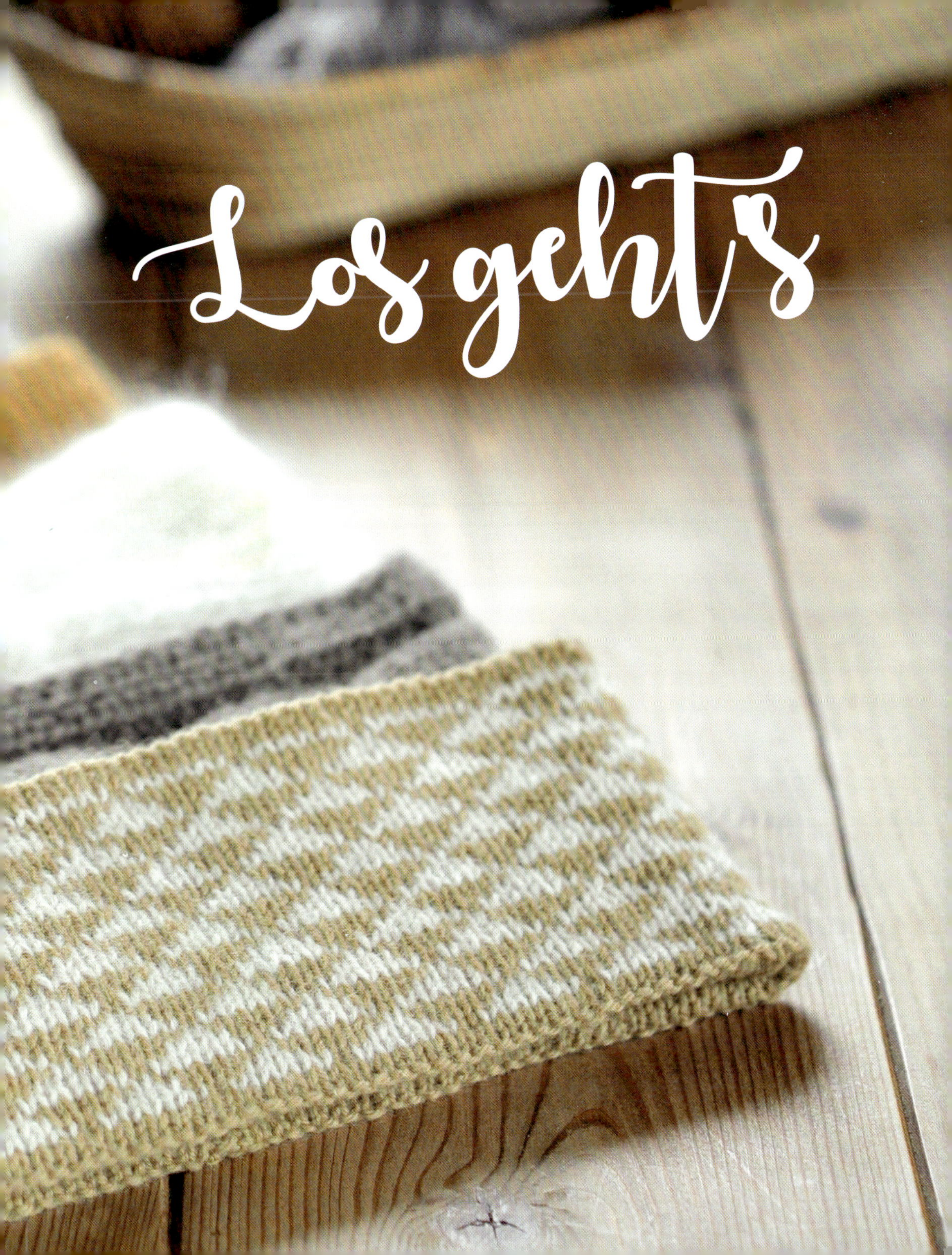

LOTTA

Stirnband mit Zopfstruktur aus dicker Wolle

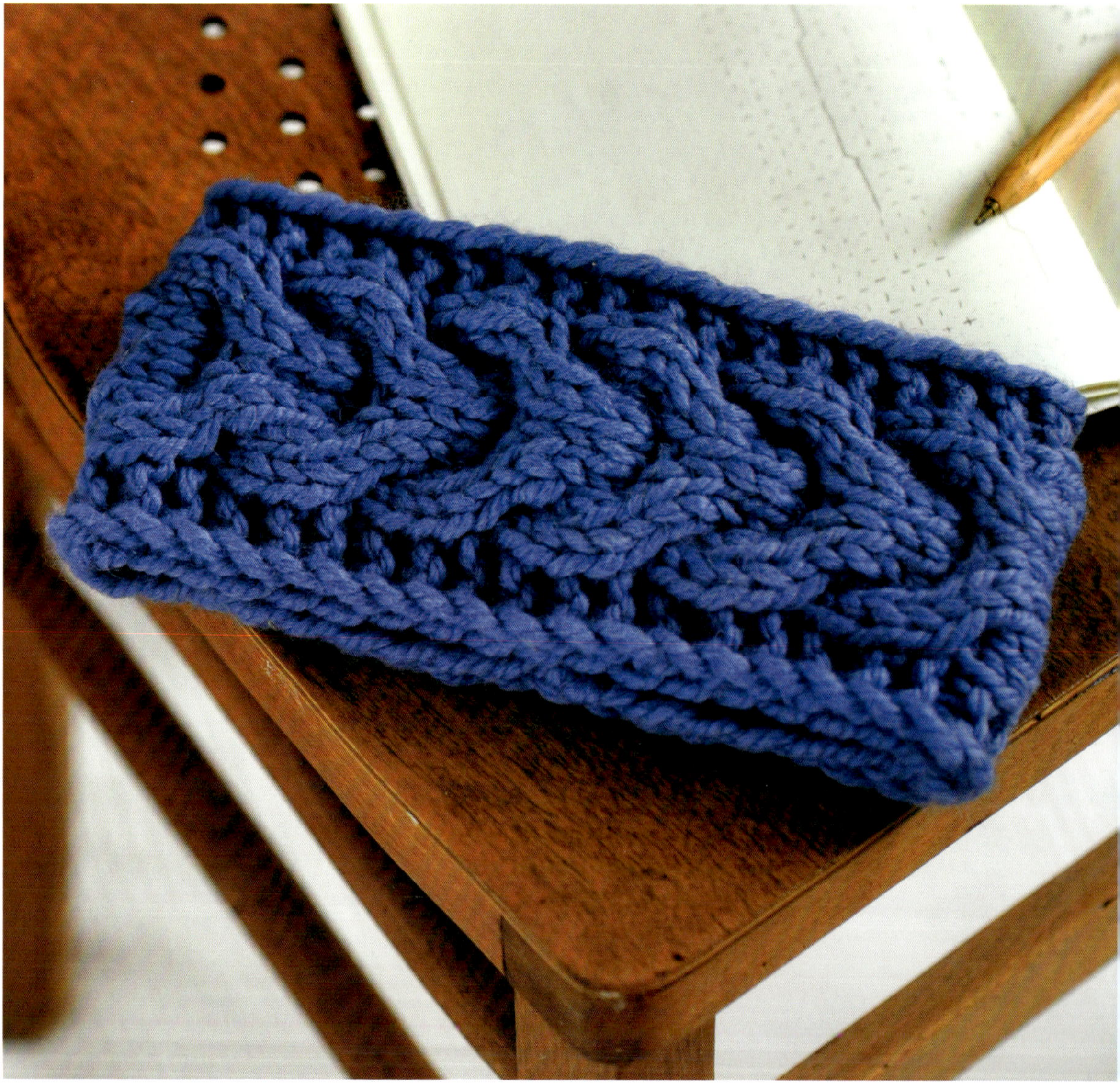

BASICS

GRÖSSE

Kopfumfang: 56–58 cm

Breite: ca. 10 cm

MATERIAL

- Rowan Big Wool (100 % Wolle; LL 80 m/100 g) in Steel Blue (Fb 052), 100g
- Rundstricknadel 9,0 mm (60 cm) oder Nadelspiel 9,0 mm (20 cm)
- Zopf- oder Hilfsnadel
- Vernähnadel

GRUNDMUSTER

Randmasche: In Hin- und Rück-R die 1. M rechts verschränkt str, die letzte M links abh (FV).

Zopfmuster: Siehe Anleitung und Strickschrift. In der Strickschrift sind alle R dargestellt, Rück-R werden von links nach rechts, Hin-R von rechts nach links gelesen.

MASCHENPROBE

Glatt rechts mit Nd 9,0 mm: 10 M x 13 R = 10 x 10 cm

Breite des Zopfes: 6,5 cm

TIPP ***Hat man keine Zopf- oder Hilfsnadel zur Hand, kann man sich hier dank der dicken Nadeln auch mit einem Bleistift behelfen.***

ANLEITUNG

14 M anschl und eine Rück-R wie folgt str: 1 Rand-M, 2 M rechts, 8 M links, 2 M rechts, 1 Rand-M.

1. R (Hin-R): 1 Rand-M, 12 M rechts, 1 Rand-M.

2. R (Rück-R): 1 Rand-M, 2 M rechts, 8 M links, 2 M rechts, 1 Rand-M.

3. R (Zopf): 1 Rand-M, 2 M rechts, 2 M auf eine Hilfs-Nd hinter die Arbeit legen, 2 M rechts str, dann die 2 M der Hilfs-Nd rechts str, 2 M auf eine Hilfs-Nd vor die Arbeit legen, 2 M rechts str, dann die 2 M der Hilfs-Nd rechts str, 2 M rechts, 1 Rand-M.

4. R: Wie die 2. R str.

5.–6. R: Die 1. und 2. R 1x wdh.

Die 1.–6. R insgesamt 12x str. Dann noch einmal bis zur 4. R str. Es sind nun 76 R gestrickt, die Rück-R zu Beginn nicht mitgerechnet. In der folgenden Hin-R alle M mustergemäß abk. Den Faden ca. 25 cm lang abschneiden und die Anschlag- und Abkettkante im Maschenstich zusammennähen. Alle Fäden vernähen. Das Stirnband anfeuchten, in Form ziehen und trocknen lassen.

STRICKSCHRIFT

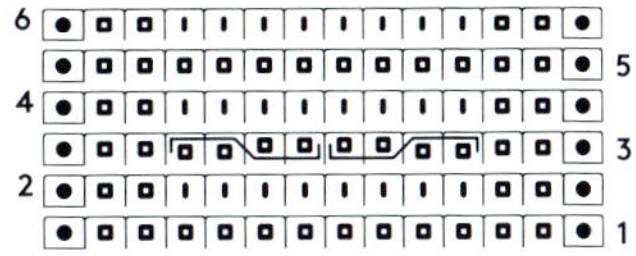

IDA

Gerafftes Stirnband mit dezentem Zopfmuster

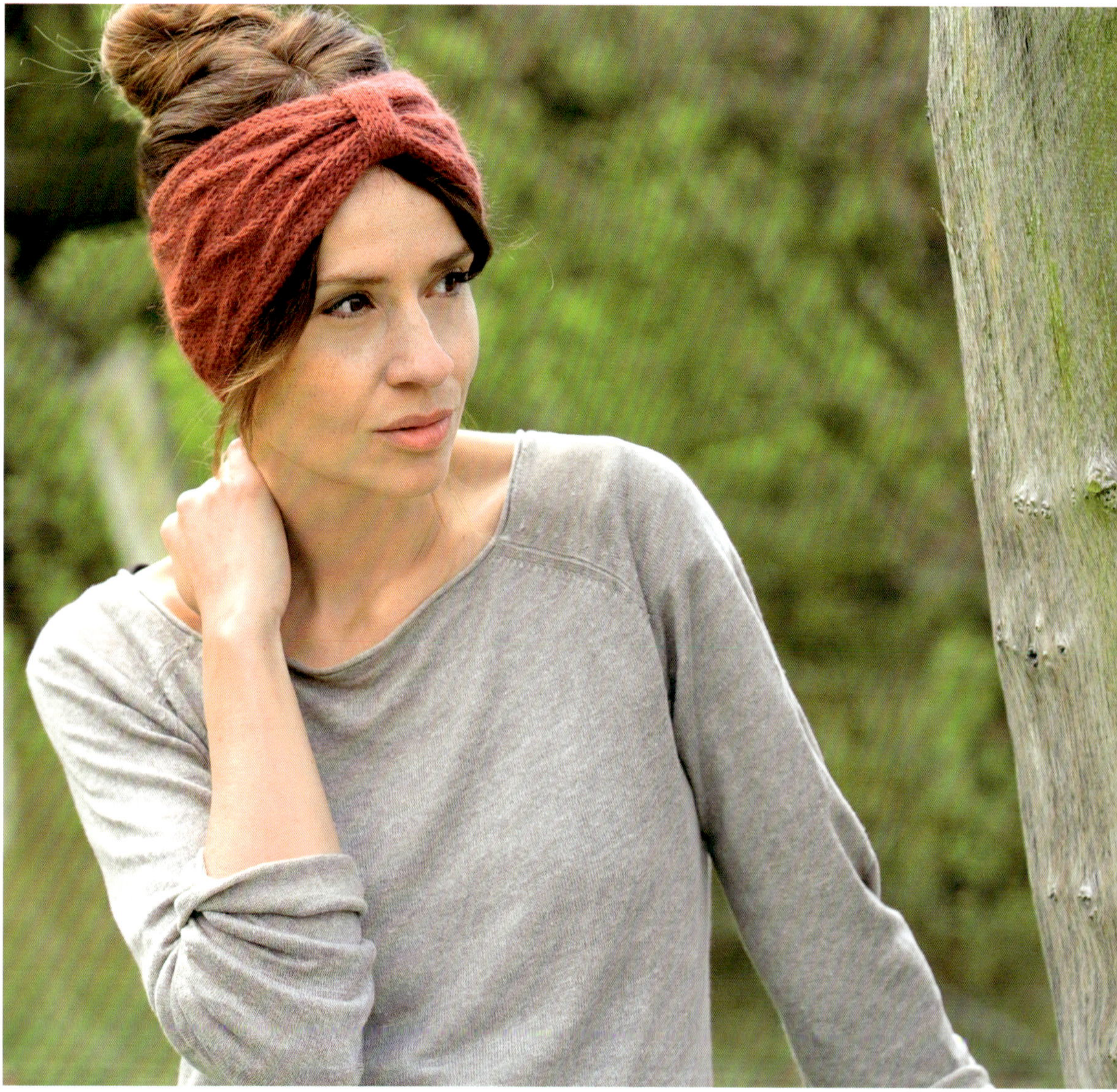

BASICS

GRÖSSE

Kopfumfang: 56–58 cm

Breite: ca. 12 cm

MATERIAL

- Rowan Kid Classic (70 % Lammwolle, 22 % Mohair, 8 % Polyamid; LL 140 m/50 g) in Earth (Fb 872), 50 g
- Rundstricknadel 5,0 mm (60 cm) oder Nadelspiel 5,0 mm (20 cm)
- Zopf- oder Hilfsnadel
- Vernähnadel

GRUNDMUSTER

Randmasche: In Hin-R die erste und letzte M rechts str. In Rück-R die erste und letzte M links str.

Zopfmuster: Siehe Anleitung und Strickschrift. In der Strickschrift sind nur die Hin-R dargestellt. In den Rück-R die M str, wie sie erscheinen.

MASCHENPROBE

Glatt rechts mit Nd 5,0 mm: 19 M x 24 R = 10 x 10 cm

ANLEITUNG

36 M anschl und eine Rück-R wie folgt str: 1 Rand-M, 4 M links, 1 M rechts, 24 M links, 1 M rechts, 4 M links, 1 Rand-M.

1. R (Hin-R): 1 Rand-M, 4 M rechts, 1 M links, 24 M rechts, 1 M links, 4 M rechts, 1 Rand-M.

2. R (Rück-R): 1 Rand-M, 4 M links, 1 M rechts, 24 M links, 1 M rechts, 4 M links, 1 Rand-M.

3.–4. R: Die 1. und 2. R wdh.

5. R (Zopf): 1 Rand-M, 4 M rechts, 1 M links, 3 M auf eine Hilfs-Nd vor die Arbeit legen, 3 M rechts, die 3 M der Hilfs-Nd rechts str, 6 M rechts, 3 M auf eine Hilfs-Nd vor die Arbeit legen, 3 M rechts, die 3 M der Hilfs-Nd rechts str, 6 M rechts, 1 M links, 4 M rechts, 1 Rand-M.

6. R: Wie die 2. R str.

7.–10. R: Die 1. und 2. R 2 x wdh.

11. R (Zopf): 1 Rand-M, 4 M rechts, 1 M links, 6 M rechts, 3 M auf eine Hilfs-Nd hinter die Arbeit legen, 3 M rechts, die 3 M der Hilfs-Nd rechts str, 6 M rechts, 3 M auf eine Hilfs-Nd hinter die Arbeit legen, 3 M rechts, die 3 M der Hilfs-Nd rechts str, 1 M links, 4 M rechts, 1 Rand-M.

12. R: Wie die 2. R str.

Die 1.–12. R insgesamt 9x str. Dann den Rapport noch einmal bis zur 4. R str. Es sind nun 112 R gestrickt, die Rück-R zu Beginn nicht mitgerechnet. In der folgenden Hin-R alle M rechts abk. Den Faden ca. 25 cm lang abschneiden und die Anschlag- und Abkettkante im Maschenstich zusammennähen. Den Faden zum Schluss fest anziehen, sodass sich das Stirnband an der Naht rafft. Hier wird später die Schlaufe angebracht.

SCHLAUFE:

9 M anschl und und wie folgt str:

1. R (Hin-R): 1 Rand-M, 1 M rechts, 1 M links im Wechsel str, enden mit 1 M rechts, 1 Rand-M.

2. R (Rück-R): 1 Rand-M, M str, wie sie erscheinen, 1 Rand-M.

Diese 1. und 2. R 10x str, bis insgesamt 20 R gestrickt sind. In der folgenden Hin-R alle M mustergemäß abk. Den Faden ca. 15 cm lang abschneiden, die Schlaufe an der Nahtstelle um das Stirnband legen und im Maschenstich zusammennähen. Alle Fäden vernähen. Das Stirnband anfeuchten, in Form ziehen und trocknen lassen.

STRICKSCHRIFT

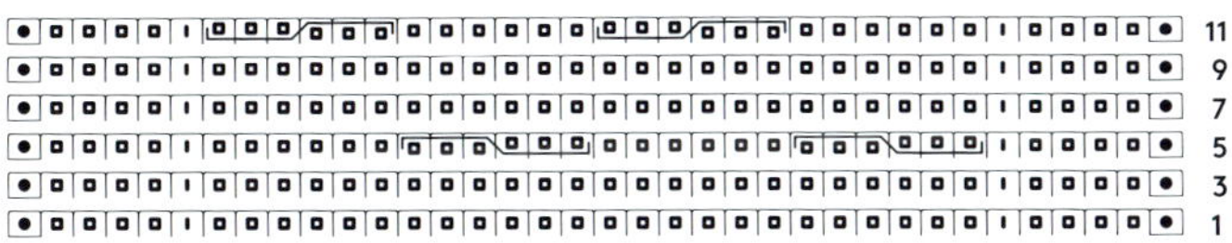

TIPP ***Wollt ihr hier eine andere Farbe verwenden, empfehle ich helle Töne, bei denen das feine Muster gut zur Geltung kommt.***

OLA

Doppelt gestrickt hält besser warm

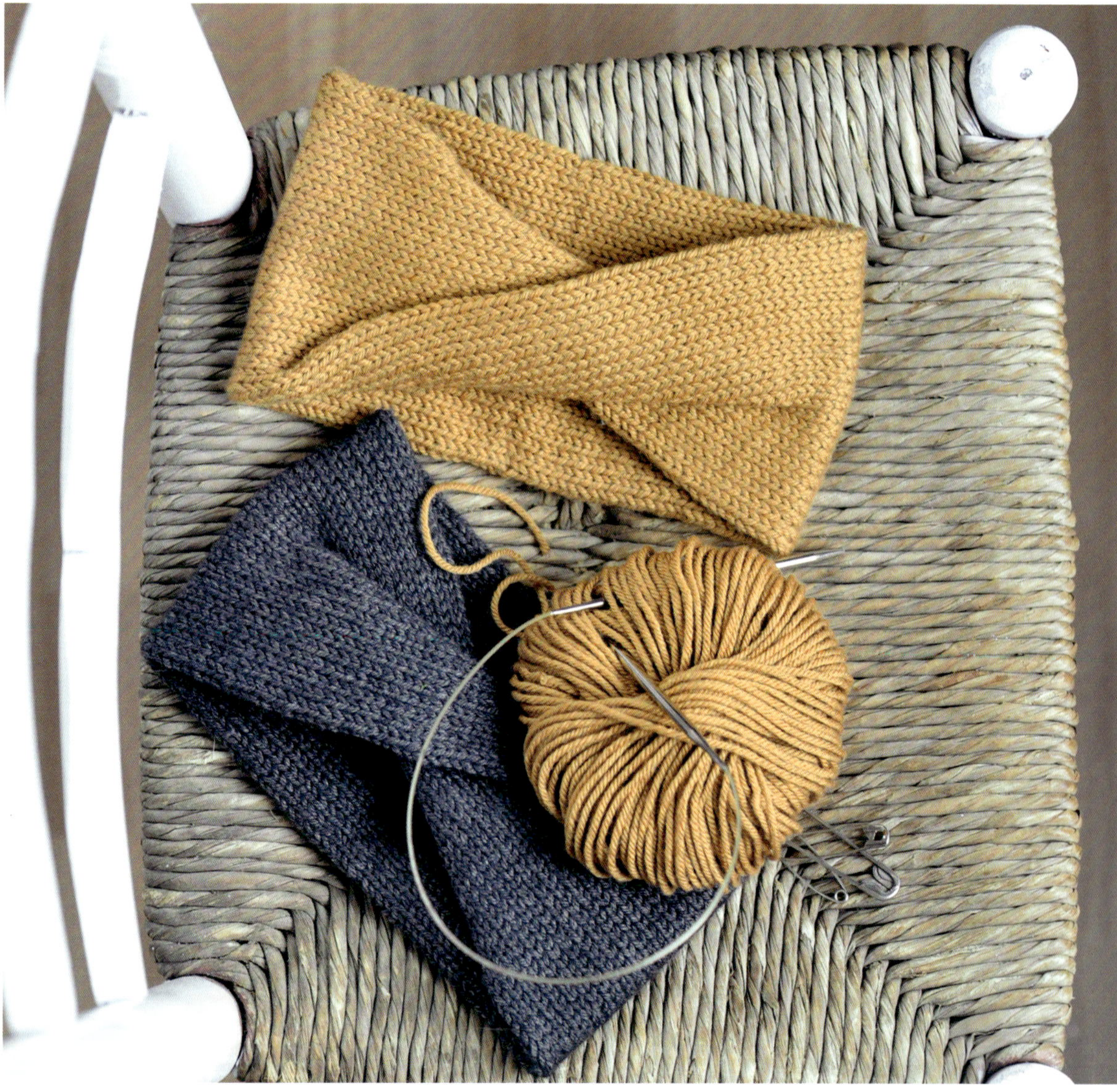

BASICS

GRÖSSE

Kopfumfang: 56–58 cm

Breite: ca. 12 cm

MATERIAL

- Debbie Bliss Cashmerino Aran (55 % Schurwolle, 33 % Polyacryl, 12 % Kaschmir; LL 90 m/50 g) in Mustard (Fb 66) oder Charcoal (Fb 28), 100 g
- Rundstricknadel 5,0 mm (40 cm) oder Nadelspiel 5,0 mm (20 cm)
- Vernähnadel

GRUNDMUSTER

Glatt rechts in Rd: alle M rechts str.

MASCHENPROBE

Glatt rechts mit Nd 5,0 mm: 18 M x 24 R = 10 x 10 cm

TIPP ***Vor dem Abketten bzw. Vernähen das Stirnband noch einmal um den Kopf legen, um zu testen, ob es passt, und ggf. ein paar Rd mehr oder weniger str.***

ANLEITUNG

46 M anschl und zur Rd schließen. Wenn ihr eine Rundstricknadel benutzt, den Rd-Anfang mit einem M-Markierer kennzeichnen.

116 Rd glatt rechts str, bis ca. 48 cm erreicht sind. In der folgenden Rd alle M rechts abk. Den Faden ca. 35 cm lang abschneiden und das Strickstück vorsichtig dämpfen.

Anschließend die beiden Enden des Stirnbandes um 180 Grad zueinander verdrehen und die Anschlag- und Abkettkante im Maschenstich zusammennähen. Je sorgfältiger hier gearbeitet wird, desto unsichtbarer ist die Naht am Ende.

KAISA

Lässiges Sommerstirnband im Boho-Style

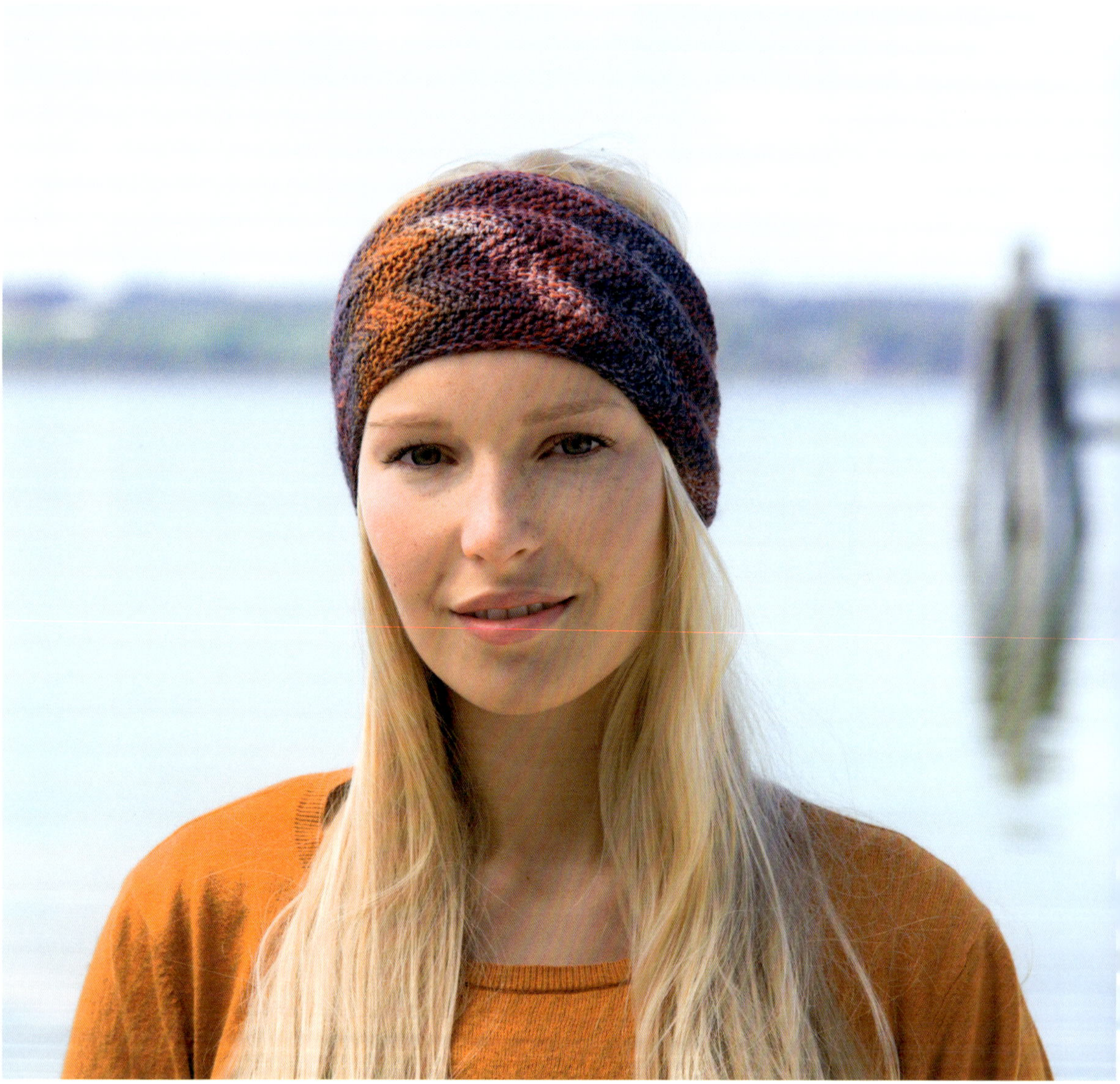

BASICS

GRÖSSE

Kopfumfang: 56–58 cm

Breite: ca. 11 cm

MATERIAL

- Schoppel Edition 3 (100 % Schurwolle (Merino extrafine superwash; LL 150 m/50 g) in Wärmebild (Fb 2299), 50 g
- Rundstricknadel 3,5 mm (60 cm) oder Nadelspiel 3,5 mm (20 cm)
- Vernähnadel

GRUNDMUSTER

Randmasche: In Hin- und Rückreihen die 1. M rechts verschränkt str, die letzte M links abh (FV).

Zackenmuster: Siehe Anleitung.

Kraus rechts: In Hin- und Rück-R alle M rechts str.

MASCHENPROBE

Kraus rechts mit Nd 3,5 mm: 25 M x 40 R = 10 x 10 cm

TIPP ***Eine tolle Farbalternative ist hier die Farbe Bodenprobe (Fb 2297), ein wunderschöner Farbverlauf in Grüntönen.***

ANLEITUNG

15 M anschl und 2 R kraus rechts str, dann über die 1.–8. R wie folgt zun:

1. R (Hin-R): 1 Rand-M, * 1 M rechts, 1 M aus dem QF rechts verschränkt zun, 3 M rechts, 1 M aus dem QF rechts verschränkt zun, ab * fortlaufend wdh, enden mit 1 M rechts, 1 Rand-M (= 21 M).

2. R und alle geraden R (Rück-R): 1 Rand-M, alle M rechts, 1 Rand-M.

3. R: 1 Rand-M, * 1 M rechts, 1 M aus dem QF rechts verschränkt zun, 5 M rechts, 1 M aus dem QF rechts verschränkt zun, ab * fortlaufend wdh, enden mit 1 M rechts, 1 Rand-M (= 27 M).

5. R: 1 Rand-M, * 1 M rechts, 1 M aus dem QF rechts verschränkt zun, 7 M rechts, 1 M aus dem QF rechts verschränkt zun, ab * fortlaufend wdh, enden mit 1 M rechts, 1 Rand-M (= 33 M).

7. R: 1 Rand-M, * 1 M rechts, 1 M aus dem QF rechts verschränkt zun, 9 M rechts, 1 M aus dem QF rechts verschränkt zun, ab * fortlaufend wdh, enden mit 1 M rechts, 1 Rand-M (= 39 M).

Die benötigte Maschenanzahl ist erreicht, im Zackenmuster fortfahren:

1. R (Hin-R): 1 Rand-M, * 1 M rechts, 1 M aus dem QF rechts verschränkt zun, 4 M rechts, 3 M rechts überzogen zusstr, 4 M rechts, 1 M aus dem QF rechts verschränkt zun, ab * fortlaufend wdh, enden mit 1 M rechts, 1 Rand-M.

2. R und alle geraden R (Rück-R): 1 Rand-M, 37 M rechts, 1 Rand-M.

Die 1. und 2. R wdh, bis 100 R im Zackenmuster gestrickt sind. Dann über 8 R wie folgt abn:

1. R (Hin-R): 1 Rand-M, 5 M rechts, 3 M rechts überzogen zusstr, 9 M rechts, 3 M rechts überzogen zusstr, 9 M rechts, 3 M rechts überzogen zusstr, 5 M rechts, 1 Rand-M (= 33 M).

2. R und alle geraden R (Rück-R): 1 Rand-M, alle M rechts, 1 Rand-M.

3. R: 1 Rand-M, 4 M rechts, 3 M rechts überzogen zusstr, 7 M rechts, 3 M rechts überzogen zusstr, 7 M rechts, 3 M rechts überzogen zusstr, 4 M rechts, 1 Rand-M (= 27 M).

5. R: 1 Rand-M, 3 M rechts, 3 M rechts überzogen zusstr, 5 M rechts, 3 M rechts überzogen zusstr, 5 M rechts, 3 M rechts überzogen zusstr, 3 M rechts, 1 Rand-M (= 21 M).

7. R: 1 Rand-M, 2 M rechts, 3 M rechts überzogen zusstr, 3 M rechts, 3 M rechts überzogen zusstr, 3 M rechts, 3 M rechts überzogen zusstr, 2 M rechts, 1 Rand-M (= 15 M).

Über die übrigen 15 M 28 R kraus rechts str. In der folgenden Hin-R alle M rechts abk. Den Faden ca. 20 cm lang abschneiden und die Anschlag- und Abkettkante im Maschenstich zusammennähen. Alle Fäden vernähen. Das Stirnband anfeuchten, in Form ziehen und trocknen lassen.

LUISA

Plastisches Muster mit Knopf

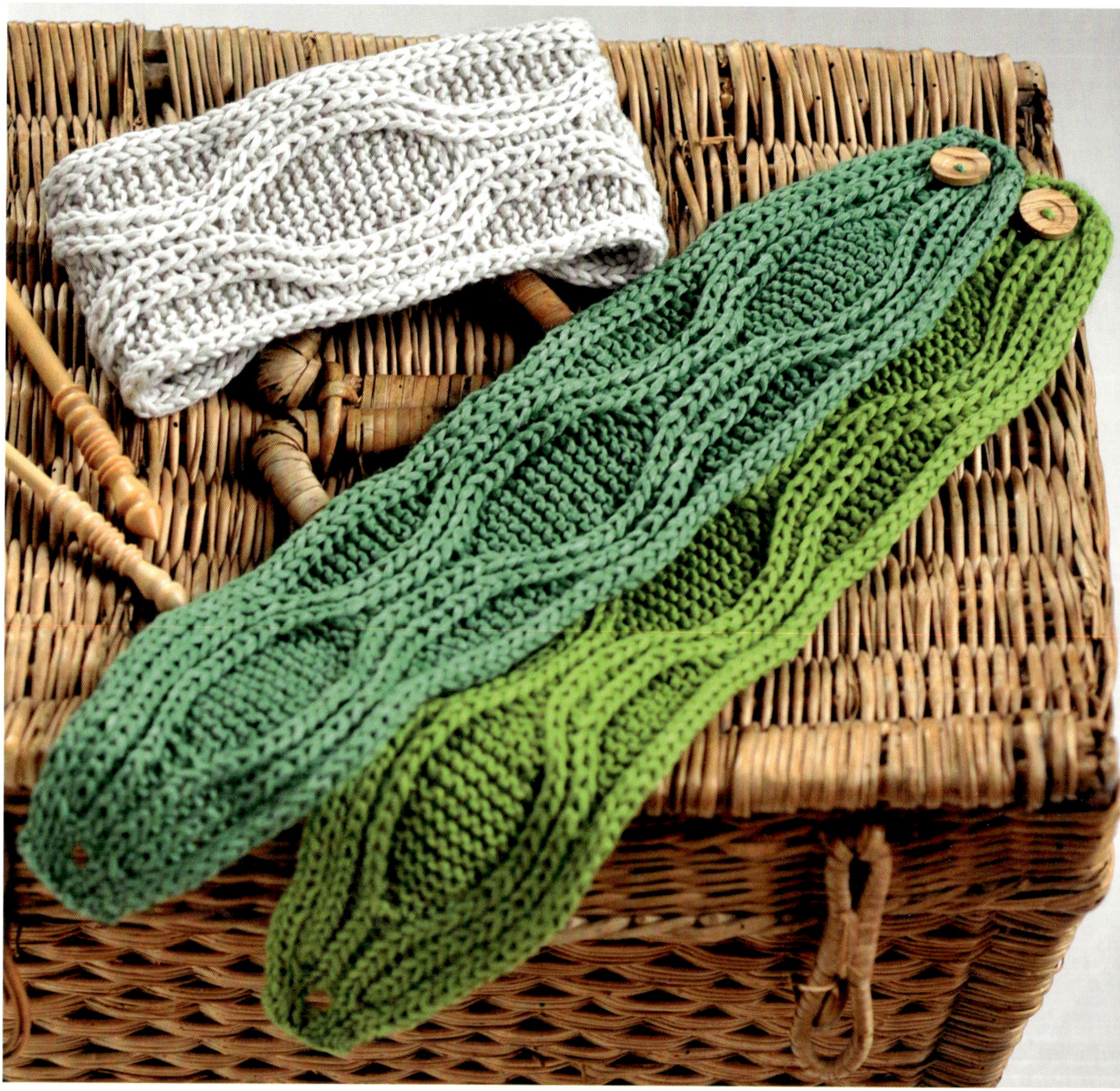

BASICS

GRÖSSE

Kopfumfang: 56–58 cm

Breite: ca. 9,5 cm

MATERIAL

- Schoppel IN Silk (75 % Wolle, 25 % Seide; LL 200 m/100 g) in Hellgrau Melange (Fb 9220m), Mintgrün (Fb 6051) oder Oliven (Fb 6683), 100 g
- Rundstricknadel 4,0 mm (60 cm) oder Nadelspiel 4,0 mm (20 cm)
- 1 Holzknopf
- Zopf- oder Hilfsnadel
- Vernähnadel

GRUNDMUSTER

Randmasche: Die Rand-M wird als Patent-Randmasche jeweils über die ersten und letzten 3 M der R gestrickt. In Hin-R: 1 M rechts, 1 M links abh (FV), 1 M rechts. In Rück-R: 1 M links abh (FV), 1 M rechts, 1 M links abh (FV).

Zopfmuster: Siehe Anleitung und Strickschrift. In der Strickschrift sind alle R dargestellt, Rück-R werden von links nach rechts, Hin-R von rechts nach links gelesen.

Tiefergestochenes Halbpatent: Siehe Anleitung

MASCHENPROBE

Kraus rechts mit Nd 4,0 mm:
17 M x 36 R = 10 x 10 cm

ANLEITUNG

11 M anschl und 3 R wie folgt str:

1. R (Rück-R): 3 Rand-M, 2x (1 M rechts, 1 M links) 1 M rechts, 3 Rand-M.

2. R (Hin-R) und 3. R: 3 Rand-M, 5 M str, wie sie erscheinen, 3 Rand-M.

Nun die ersten Zunahmen über die nächsten 4 R str:

1. R (Hin-R): 3 Rand-M, 1 M aus dem QF rechts verschränkt zun, 2x (1 M links, 1 M rechts), 1 M links, 1 M aus dem QF rechts verschränkt zun, 3 Rand-M (= 13 M).

2. R (Rück-R): 3 Rand-M, 7 M str, wie sie erscheinen, 3 Rand-M.

3. R: 3 Rand-M, 1 M aus dem QF links verschränkt zun, 3x (1 M rechts, 1 M links), 1 M rechts, 1 M aus dem QF rechts verschränkt zun, 3 Rand-M (= 15 M).

4. R: 3 Rand-M, 9 M str, wie sie erscheinen, 3 Rand-M.

Die folgenden 12 R im tg Halbpatent str:

1. R (Hin-R): 3 Rand-M, 4x (1 M links, 1 M rechts tg), 1 M links, 3 Rand-M.

2. R (Rück-R): 3 Rand-M, 9 M str, wie sie erscheinen, 3 Rand-M.

Die 1. und 2. R 6x wdh (2 R oder ein Vielfaches davon weniger oder mehr str, um das Stirnband dem Kopfumfang anzupassen).

Es folgen 8 weitere Zunahme-R:

1. R (Hin-R): 3 Rand-M, 2x (1 M links, 1 M rechts tg), 1 M aus dem QF rechts verschränkt zun, 1 M links, 1 M aus dem QF rechts verschränkt zun, 2x (1 M rechts tg, 1 M links), 3 Rand-M (= 17 M).

2. R (Rück-R): 3 Rand-M, 2x (1 M rechts, 1 M links), 3 M rechts, 2 x (1 M links, 1 M rechts), 3 Rand-M.

3. R: 3 Rand-M, 2x (1 M links, 1 M rechts tg), 1 M aus dem QF rechts verschränkt zun, 3 M rechts, 1 M aus dem QF rechts verschränkt zun, 2x (1 M rechts tg, 1 M links), 3 Rand-M (= 19 M).

4. R: 3 Rand M, 2x (1 M rechts, 1 M links), 5 M rechts, 2x (1 M links, 1 M rechts), 3 Rand-M.

5. R: 3 Rand-M, 2x (1 M links, 1 M rechts tg), 1 M aus dem QF rechts verschränkt zun, 5 M rechts, 1 M aus dem QF rechts verschränkt zun, 2x (1 M rechts tg, 1 M links), 3 Rand-M (= 21 M).

6. R: 3 Rand-M, 2x (1 M rechts, 1 M links), 7 M rechts, 2x (1 M links, 1 M rechts), 3 Rand-M.

7. R: 3 Rand-M, 2x (1 M links, 1 M rechts tg), 1 M aus dem QF rechts verschränkt zun, 7 M rechts, 1 M aus dem QF rechts verschränkt zun, 2x (1 M rechts tg, 1 M links), 3 Rand-M (= 23 M).

8. R: 3 Rand-M, 2x (1 M rechts, 1 M links), 9 M rechts, 2x (1 M links, 1 M rechts), 3 Rand-M.

Die Zunahmen sind abgeschlossen, es liegen 23 M auf der Nd.

Über die nächsten 14 R wie folgt str:

1. R (Hin-R): 3 Rand-M, 2x (1 M

links, 1 M rechts tg), 1 M links, 7 M rechts, 1 M links, 2 x (1 M rechts tg, 1 M links), 3 Rand-M (= 23 M).

2. R (Rück-R): 3 Rand-M, 2x (1 M rechts, 1 M links), 9 M rechts, 2x (1 M links, 1 M rechts), 3 Rand-M.

Die 1. und 2. R insgesamt 7x wdh (= 14 R).

Die folgenden 10 R mit „Zöpfen" nach Strickschrift A str:

1. R (Hin-R): 3 Rand-M, 1 M links, 3 M auf eine Hilfs-Nd vor die Arbeit legen, 1 M links, 3 M der Hilfs-Nd (1 M rechts tg, 1 M links, 1 M rechts tg) str, 1 M links, 5 M rechts, 1 M links, 1 M auf eine Hilfs-Nd hinter die Arbeit legen, (1 M rechts tg, 1 M links, 1 M rechts tg), 1 M der Hilfs-Nd links str, 1 M links, 3 Rand-M.

2. R (Rück-R): 3 Rand-M, 2 M rechts, 1 M links, 1 M rechts, 1 M links, 7 M rechts, 1 M links, 1 M rechts, 1 M links, 2 M rechts, 3 Rand-M.

3. R: 3 Rand-M, 1 M links, 1 M rechts, 3 M auf eine Hilfs-Nd vor die Arbeit legen, 1 M links, 3 M der Hilfs-Nd (1 M rechts tg, 1 M links, 1 M rechts tg) str, 1 M links, 3 M rechts, 1 M links, 1 M auf eine Hilfs-Nd hinter die Arbeit legen, (1 M rechts tg, 1 M links, 1 M rechts tg), 1 M der Hilfs-Nd links str, 1 M rechts, 1 M links, 3 Rand-M.

4. R: 3 Rand-M, 3 M rechts, 1 M links, 1 M rechts, 1 M links, 5 M rechts, 1 M links, 1 M rechts, 1 M links, 3 M rechts, 3 Rand-M.

5. R: 3 Rand-M, 1 M links, 2 M rechts, 3 M auf eine Hilfs-Nd vor die Arbeit legen, 1 M links, 3 M der Hilfs-Nd (1 M rechts tg, 1 M links, 1 M rechts tg) str, 1 M links, 1 M rechts, 1 M links, 1 M auf eine Hilfs-Nd hinter die Arbeit legen, (1 M rechts tg, 1 M links, 1 M rechts tg), 1 M der Hilfs-Nd links str, 2 M rechts, 1 M links, 3 Rand-M.

6. R: 3 Rand-M, 4 M rechts, 1 M links, 1 M rechts, 1 M links, 3 M rechts, 1 M links, 1 M rechts, 1 M links, 4 M rechts, 3 Rand-M.

7. R: 3 Rand-M, 1 M links, 3 M rechts, 3 M auf eine Hilfs-Nd vor die Arbeit legen, 1 M links, 3 M der Hilfs-Nd (1 M rechts tg, 1 M links, 1 M rechts tg) str, 1 M links, 1 M auf eine Hilfs-Nd hinter die Arbeit legen, (1 M rechts tg, 1 M links, 1 M rechts tg), 1 M der Hilfs-Nd links str, 3 M rechts, 1 M links, 3 Rand-M.

8. R: 3 Rand-M, 5 M rechts, 3x (1 M links, 1 M rechts), 1 M links, 5 M rechts, 3 Rand-M.

9. R: 3 Rand-M, 1 M links, 3 M rechts, 1 M links, 4x (1 M rechts tg,1 M links), 3 M rechts, 1 M links, 3 Rand-M.

10. R: 3 Rand-M, 5 M rechts, 3x (1 M links, 1 M rechts), 1 M links, 5 M rechts, 3 Rand-M.

11.–22. R: Die 9. und 10. R 6x wdh.

Die 23.–32. R nach Strickschrift B str:

23. R (Hin-R): 3 Rand-M, 1 M links, 2 M rechts, 1 M links, 1 M auf eine Hilfs-Nd hinter die Arbeit legen, (1 M rechts tg, 1 M links, 1 M rechts tg), 1 M der Hilfs-Nd links str, 1 M links, 3 M auf eine Hilfs-Nd vor die Arbeit legen, 1 M links, 3 M der Hilfs-Nd (1 M rechts tg, 1 M links, 1 M rechts tg) str, 1 M links, 2 M rechts, 1 M links, 3 Rand-M.

24. R (Rück-R): 3 Rand-M, 4 M rechts, 1 M links, 1 M rechts, 1 M links, 3 M rechts, 1 M links, 1 M rechts, 1 M links, 4 M rechts, 3 Rand-M.

25. R: 3 Rand-M, 1 M links, 1 M rechts, 1 M links, 1 M auf eine Hilfs-Nd hinter die Arbeit legen, (1 M rechts tg, 1 M links, 1 M rechts tg), 1 M der Hilfs-Nd links str, 3 M rechts, 3 M auf eine Hilfs-Nd vor die Arbeit legen, 1 M links, 3 M der Hilfs-Nd (1 M rechts tg, 1 M links, 1 M rechts tg) str, 1 M links, 1 M rechts, 1 M links, 3 Rand-M.

26. R: 3 Rand-M, 3 M rechts, 1 M

STRICKSCHRIFT A

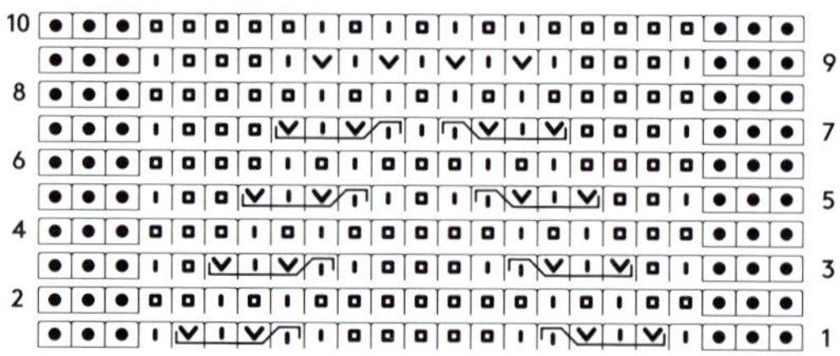

links, 1 M rechts, 1 M links, 5 M rechts, 1 M links, 1 M rechts, 1 M links, 3 M rechts, 3 Rand-M.

27. R: 3 Rand-M, 2 M links, 1 M auf eine Hilfs-Nd hinter die Arbeit legen, (1 M rechts tg, 1 M links, 1 M rechts tg), 1 M der Hilfs-Nd links str, 5 M rechts, 3 M auf eine Hilfs-Nd vor die Arbeit legen, 1 M links, 3 M der Hilfs-Nd (1 M rechts tg, 1 M links, 1 M rechts tg) str, 2 M links, 3 Rand-M.

28. R: 3 Rand-M, 2 M rechts, 1 M links, 1 M rechts, 1 M links, 7 M rechts, 1 M links, 1 M rechts, 1 M links, 2 M rechts, 3 Rand-M.

29. R: 3 Rand-M, 1 M links, 1 M auf eine Hilfs-Nd hinter die Arbeit legen, (1 M rechts tg, 1 M links, 1 M rechts tg), 1 M der Hilfs-Nd links str, 7 M rechts, 3 M auf eine Hilfs-Nd vor die Arbeit legen, 1 M links, 3 M der Hilfs-Nd (1 M rechts tg, 1 M links, 1 M rechts tg) str, 1 M links, 3 Rand-M.

30. R: 3 Rand-M, 2x (1 M rechts, 1 M links), 9 M rechts, 2x (1 M links, 1 M rechts), 3 Rand-M.

31. R: 3 Rand-M, 2x (1 M links, 1 M rechts tg), 1 M links, 7 M rechts, 1 M links, 2x (1 M rechts tg, 1 M links), 3 Rand-M.

STRICKSCHRIFT B

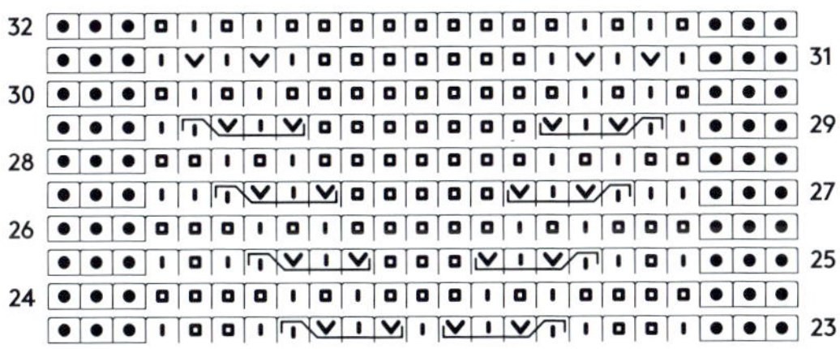

32. R: 3 Rand-M, 2x (1 M rechts, 1 M links), 9 M rechts, 2x (1 M links, 1 M rechts), 3 Rand-M.

33.–44. R: Die 31. u. 32. R 6x wdh.

Die 1.–44. R des Musters insgesamt 2x str. Danach mit den Abn beginnen:

1. R (Hin-R): 3 Rand-M, 2x (1 M links, 1 M rechts tg), 2 M links zusstr, 5 M rechts, 2 M links zusstr, 2x (1 M rechts tg, 1 M links), 3 Rand-M (= 21 M).

2. R (Rück-R): 3 Rand-M, 2x (1 M rechts, 1 M links), 7 M rechts, 2x (1 M links, 1 M rechts), 3 Rand-M.

3. R: 3 Rand-M, 2x (1 M links, 1 M rechts tg), 2 M links zusstr, 3 M rechts, 2 M links zusstr, 2x (1 M rechts tg, 1 M links), 3 Rand-M (= 19 M).

4. R: 3 Rand-M, 2x (1 M rechts, 1 M links), 5 M rechts, 2x (1 M links, 1 M rechts), 3 Rand-M.

5. R: 3 Rand-M, 2x (1 M links, 1 M rechts tg), 2 M links zusstr, 1 M links, 2 M links zusstr, 2x (1 M rechts tg, 1 M links), 3 Rand-M (= 17 M).

6. R: 3 Rand-M, 2x (1 M rechts, 1 M links), 3 M rechts, 2x (1 M links, 1 M rechts), 3 Rand-M.

7. R: 3 Rand-M, 2x (1 M links, 1 M rechts tg), 3 M links zusstr, 2x (1 M rechts tg, 1 M links), 3 Rand-M (= 15 M).

8. R: 3 Rand-M, 4 x (1 M rechts, 1 M links), 1 M rechts, 3 Rand-M.

Die folgenden 12 R im tiefergestochenen Halbpatent str, wie zu Beginn des Stirnbandes (auch hier 2 R oder ein Vielfaches davon weniger oder mehr str, um das Stirnband dem Kopfumfang anzupassen).

Dann die letzten Abn und das Knopfloch arbeiten:

1. R (Hin-R): 3 Rand-M, 3 M links zusstr, 1 M rechts, 1 M links, 1 M rechts, 3 M links zusstr, 3 Rand-M (= 11 M).

2. R (Rück-R): 3 Rand-M, M str, wie sie erscheinen, 3 Rand-M.

3. R: 3 Rand-M, 1 M links, 1 M rechts, 1 U, 2 M rechts zusstr, 1 M links, 3 Rand-M.

4. R: 3 Rand-M, 5 M str, wie sie erscheinen (den U rechts str), 3 Rand-M.

5. R: 3 Rand-M, 2 x (1 M links, 1 M rechts), 1 M links, 3 Rand-M.

6. R: 3 Rand-M, 5 M str, wie sie erscheinen, 3 Rand-M.

In der folgenden Hin-R alle M mustergemäß abk. Die Fäden vernähen und den Knopf anbringen. Das Stirnband anfeuchten, in Form ziehen und trocknen lassen.

TIPP: ***Durch den Knopfverschluß könnt ihr das Stirnband problemlos aufsetzen, ohne die Frisur zu zerstören.***

LINA

Stirnband mit raffiniert geflochtenem Twist

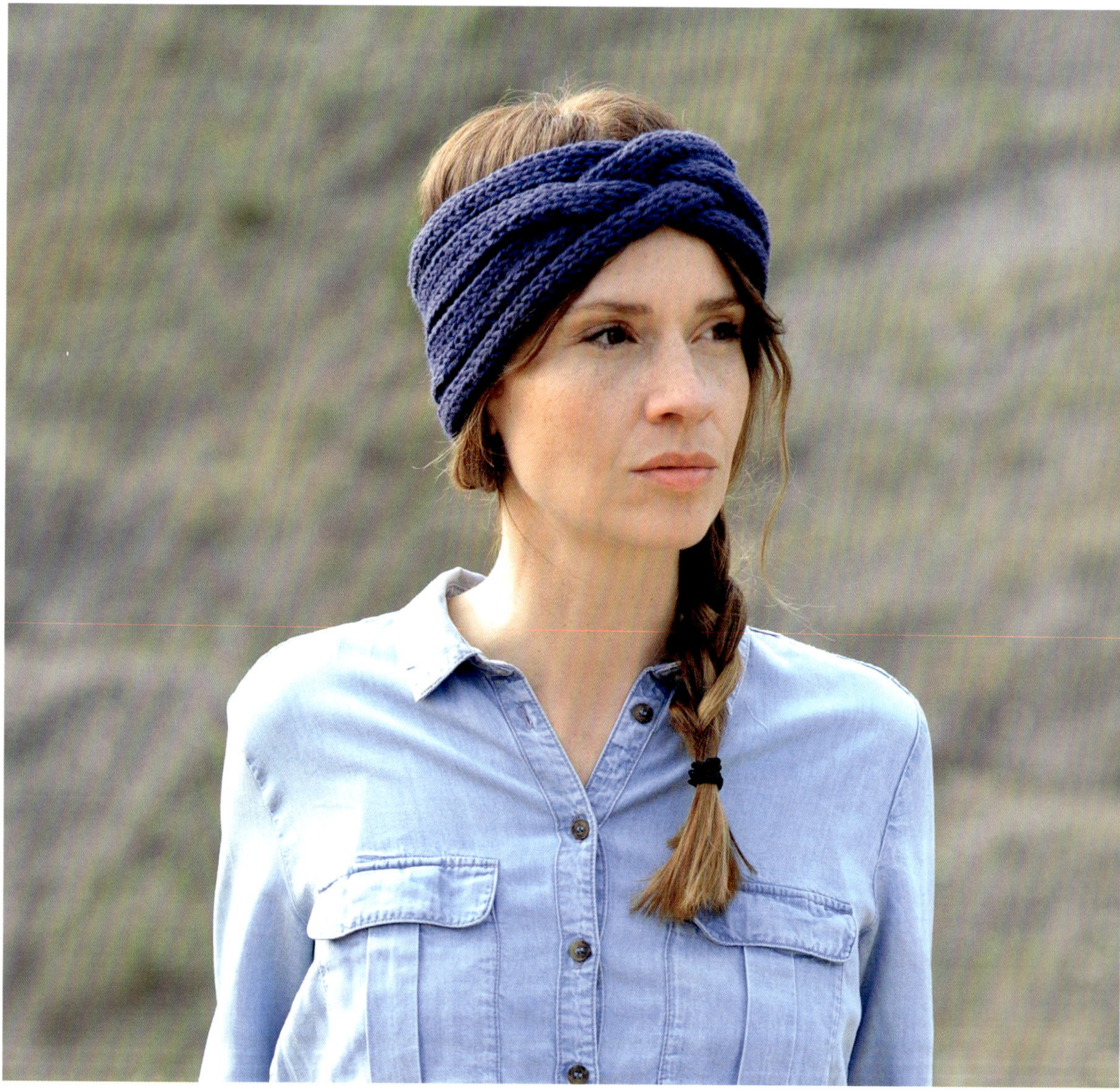

BASICS

GRÖSSE

Kopfumfang: 56–58 cm

Breite: ca. 10 cm

MATERIAL

- Woll Butt Ida (80 % Wolle, 20 % Polyacryl; LL 60 m/50 g) in Marine, 100 g
- Rundstricknadel 8,0 mm (60 cm) oder Nadelspiel 8,0 mm (20 cm)
- Zopf- oder Hilfsnadel
- Vernähnadel

GRUNDMUSTER

Randmasche: In Hin-R die erste und letzte M rechts str. In Rück-R die erste und letzte M links str.

Rippenmuster: In Hin-R 4 M rechts, 2 M links im Wechsel. In Rück-R M str, wie sie erscheinen.

Zopfmuster: Siehe Anleitung und Strickschrift. In der Strickschrift sind nur die Hin-R dargestellt. In den Rück-R die M str, wie sie erscheinen.

MASCHENPROBE

Glatt rechts mit Nd 8,0 mm: 12 M x 18 R = 10 x 10 cm

TIPP ***Wenn Ihr das Stirnband an euren Kopfumfang anpassen wollt, dann vor und nach dem mittleren Zopf die gleiche Anzahl an R mehr bzw. weniger str, sodass der Zopf weiterhin mittig sitzt.***

ANLEITUNG

24 M anschl und eine Rück-R wie folgt str: 1 Rand-M, * 4 M links, 2 M rechts, ab * fortlaufend wdh, enden mit 4 M links, 1 Rand-M.

1. R (Hin-R): 1 Rand-M, * 4 M rechts, 2 M links, ab * fortlaufend wdh, enden mit 4 M rechts, 1 Rand-M.

2. R (Rück-R): 1 Rand-M, M str, wie sie erscheinen, 1 Rand-M.

Die 1. und 2. R 17x str, bis 34 R im Rippenmuster gestrickt sind, die Rück-R zu Beginn nicht mitgerechnet. Das Strickstück sollte nun etwa 20 cm messen.

Es folgt der verzopfte Mittelteil:

35. R (Zopf): 1 Rand-M, 4 M rechts, 1 M links, 6 M auf eine Hilfs-Nd hinter die Arbeit legen, 1 M links, 4 M rechts, 1 M links, dann die 6 M der Hilfs-Nd (1 M links, 4 M rechts, 1 M links) str, 1 M links, 4 M rechts, 1 Rand-M.

36.–40. R: Im Rippenmuster str.

41. R (Zopf): 6 M auf eine Hilfs-Nd vor die Arbeit legen, 5 M rechts, 1 M links, dann die 6 M der Hilfs-Nd (1 M links, 4 M rechts, 1 M links) str, nochmals 6 M auf eine Hilfs-Nd vor die Arbeit legen, 1 M links, 4 M rechts, 1 M links, dann die 6 M der Hilfs-Nd (1 M links, 5 M rechts) str.

42.–46. R: Im Rippenmuster str.

47. R (Zopf): 1 Rand-M, 4 M rechts, 1 M links, 6 M auf eine Hilfs-Nd hinter die Arbeit legen, 1 M links, 4 M rechts, 1 M links, dann die 6 M der Hilfs-Nd (1 M links, 4 M rechts, 1 M links) str, 1 M links, 4 M rechts, 1 Rand-M.

Der verzopfte Mittelteil des Stirnbandes ist nun beendet.

Weitere 35 R im Rippenmuster str, bis das Strickstück nach dem Mittelteil ebenfalls etwa 20 cm misst. In der folgenden Hin-R (= 83. R) alle M mustergemäß abk.

Den Faden ca. 25 cm lang abschneiden und die Anschlag- und Abkettkante im Maschenstich zusammennähen. Alle Fäden vernähen. Das Stirnband anfeuchten, in Form ziehen und trocknen lassen.

STRICKSCHRIFT

FÜR DEN ZOPF

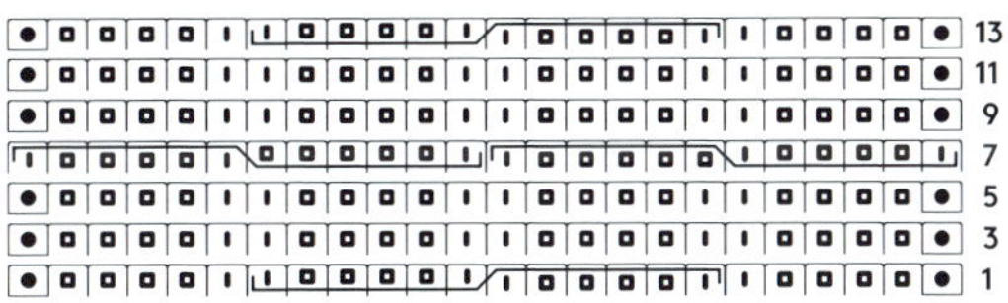

MARA

Farbeffekte im Schleifenlook

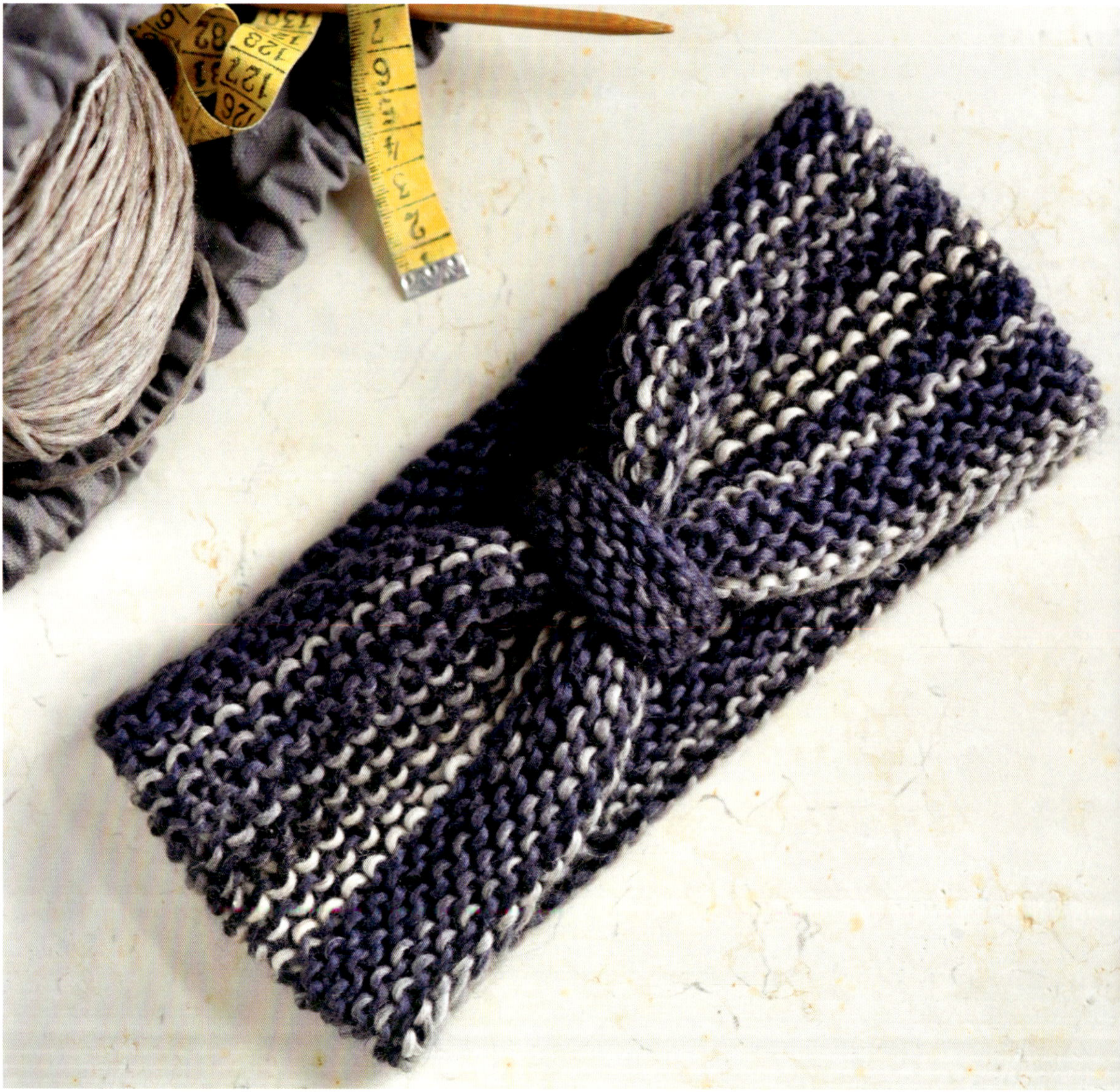

BASICS

GRÖSSE

Kopfumfang: 56–58 cm

Breite: ca. 10 cm

MATERIAL

- Schoppel Pur (100 % Schurwolle (Merino); LL 150 m/100 g) in Schatten (Fb 1508), 50 g
- Rundstricknadel 6,0 mm (40 cm oder 50 cm) oder Nadelspiel 6,0 mm (20 cm)
- Vernähnadel

GRUNDMUSTER

Das Stirnband wird in Rd gestrickt, weil so der Farbverlauf des Garns am besten zur Geltung kommt.

Kraus rechts in Rd: 1 Rd alle M links, 1 Rd alle M rechts im Wechsel str.

Kraus rechts in R: In Hin- und Rück-R alle M rechts str.

MASCHENPROBE

Kraus rechts mit Nd 6,0 mm: 13 M x 30 R = 10 x 10 cm

TIPP ***Ein Strang Wolle (100 g) ergibt zwei Stirnbänder, die aufgrund der Farbverläufe ganz unterschiedlich aussehen können, zwei echte Unikate.***

ANLEITUNG

62 M anschl und zur Rd schließen. Wenn ihr eine Rundstricknadel benutzt, den Rd-Anfang mit einem M-Markierer kennzeichnen.

Im Wechsel 1 Rd alle M links, 1 Rd alle M rechts str, bis insgesamt 29 Rd erreicht sind, also mit einer linken Rd enden. In der folgenden 30. Rd alle M locker rechts abk. Darauf achten, sehr locker abzuketten, damit das Stirnband später an der Abkettkante nicht zu eng ist und gut passt. Den Faden abschneiden und vernähen.

SCHLAUFE:

18 M anschl und 5 R kraus rechts str. In der 6. R alle M locker rechts abk. Den Faden ca. 15 cm lang abschneiden, die Schlaufe am Übergang zwischen Rd-Anfang und -Ende um das Stirnband legen und zusammennähen. Alle Fäden vernähen. Das Stirnband anfeuchten, in Form ziehen und trocknen lassen.

SELMA

Großes Perlmuster mit kleiner Schleife

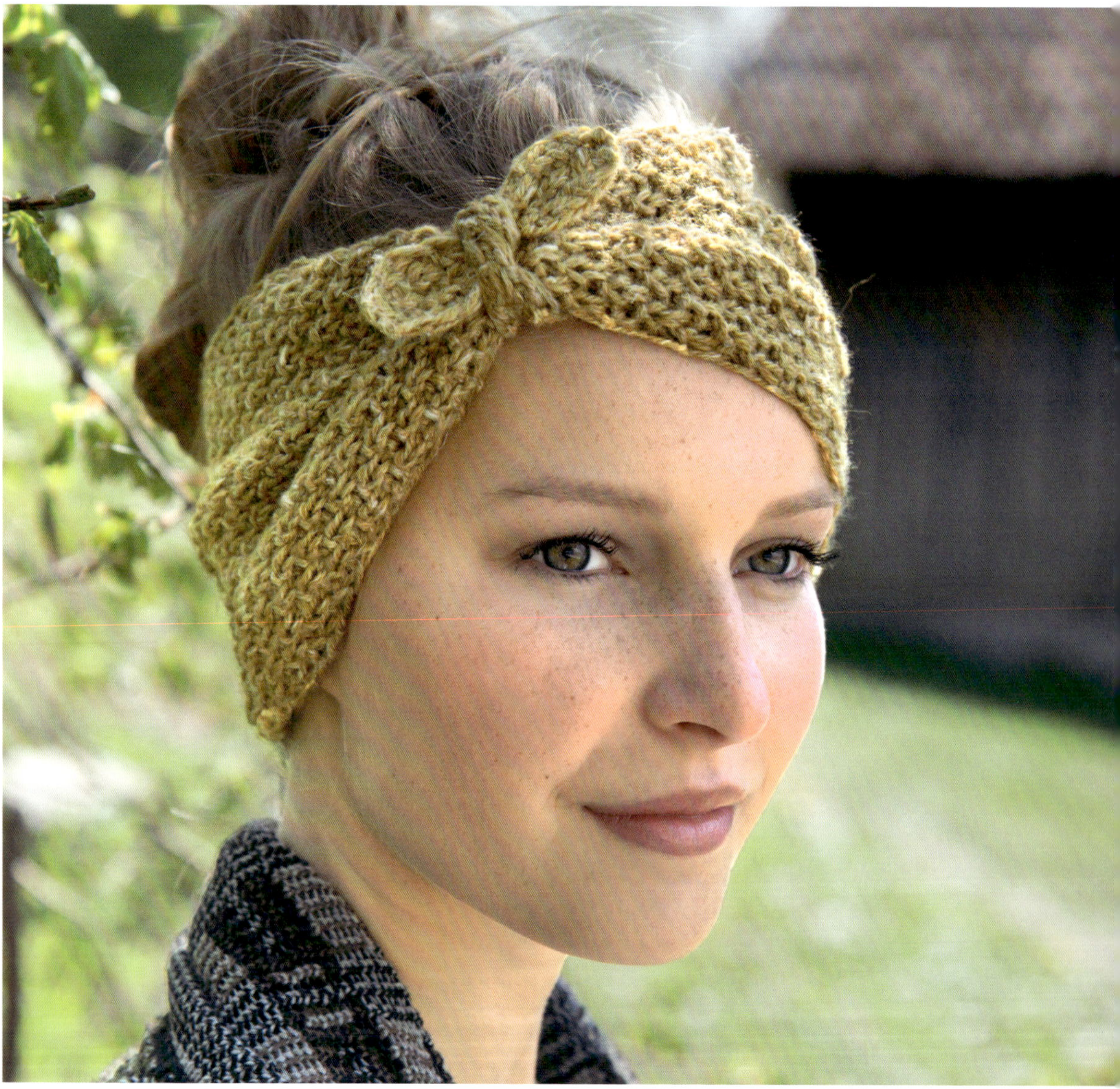

BASICS

GRÖSSE

Kopfumfang: 56–58 cm

Breite: ca. 12,5 cm

MATERIAL

- Rowan Hemp Tweed (75 % Wolle, 25 % Hanf; LL 95 m/50 g) in Kelp (Fb 142), 50 g
- Rundstricknadel 4,5 mm (60 cm) oder Nadelspiel 4,5 mm (20 cm)
- Vernähnadel

GRUNDMUSTER

Randmasche: In der Hin-R die erste M rechts verschränkt, die letzte M rechts str. In der Rück-R die erste und letzte M jeweils links abh (FV).

Großes Perlmuster: Siehe Anleitung.

MASCHENPROBE

Im großen Perlmuster mit Nd 4,5 mm:
21 M x 24 R = 10 x 10 cm

TIPP ***Um das Stirnband etwas schmaler zu stricken, einfach 2 M (oder ein Vielfaches von 2) weniger anschl.***

ANLEITUNG

29 M anschl und wie folgt im großen Perlmuster str:

1. R (Hin-R): 1 Rand-M, dann 1 M rechts, 1 M links im Wechsel str, enden mit 1 M rechts, 1 Rand-M.

2. R (Rück-R): 1 Rand-M, M str, wie sie erscheinen, 1 Rand-M.

3. R: 1 Rand-M, dann 1 M links, 1 M rechts im Wechsel str, enden mit 1 M links, 1 Rand-M.

4. R: 1 Rand-M, M str, wie sie erscheinen, 1 Rand-M.

Die 1.–4. R fortlaufend wdh, bis insgesamt 118 R gestrickt sind. In der folgenden Hin-R alle M mustergemäß abk. Den Faden ca. 25 cm lang abschneiden und die Anschlag- und Abkettkante im Maschenstich zusammennähen. Den Faden zum Schluss fest anziehen, sodass sich das Stirnband an der Naht rafft. Hier wird später die Schleife geknotet.

SCHLEIFE:

3 M anschl und in einer Rück-R alle M links str.

1. R (Hin-R): 1 Rand-M, 1 M aus dem QF rechts verschränkt zun, 1 M links, 1 M aus dem QF rechts verschränkt zun, 1 Rand-M (= 5 M).

2. R und alle geraden R (Rück-R): 1 Rand-M, M str, wie sie erscheinen, 1 Rand-M.

3. R: 1 Rand-M, 1 M aus dem QF rechts verschränkt zun, 1 M links, 1 M rechts, 1 M links, 1 M aus dem QF rechts verschränkt zun, 1 Rand-M (= 7 M).

5.–34. R: Im großen Perlmuster str, wie oben beschrieben.

35. R: 1 Rand-M, 2 M links zusstr, 1 M rechts, 2 M links zusstr, 1 Rand-M (= 5 M).

37. R: 2 M rechts zusstr (links geneigt), 1 M links, 2 M rechts zusstr (= 3 M).

In der folgenden Rück-R die 3 verbleibenden M fest rechts abk. Nachdem alle Fäden vernäht sind, das Band mit einem einfachen, aber festen Knoten an der bereits gerafften Nahtstelle des Stirnbandes befestigen.

MADITA

Wende-Stirnband mit geometrischem Muster

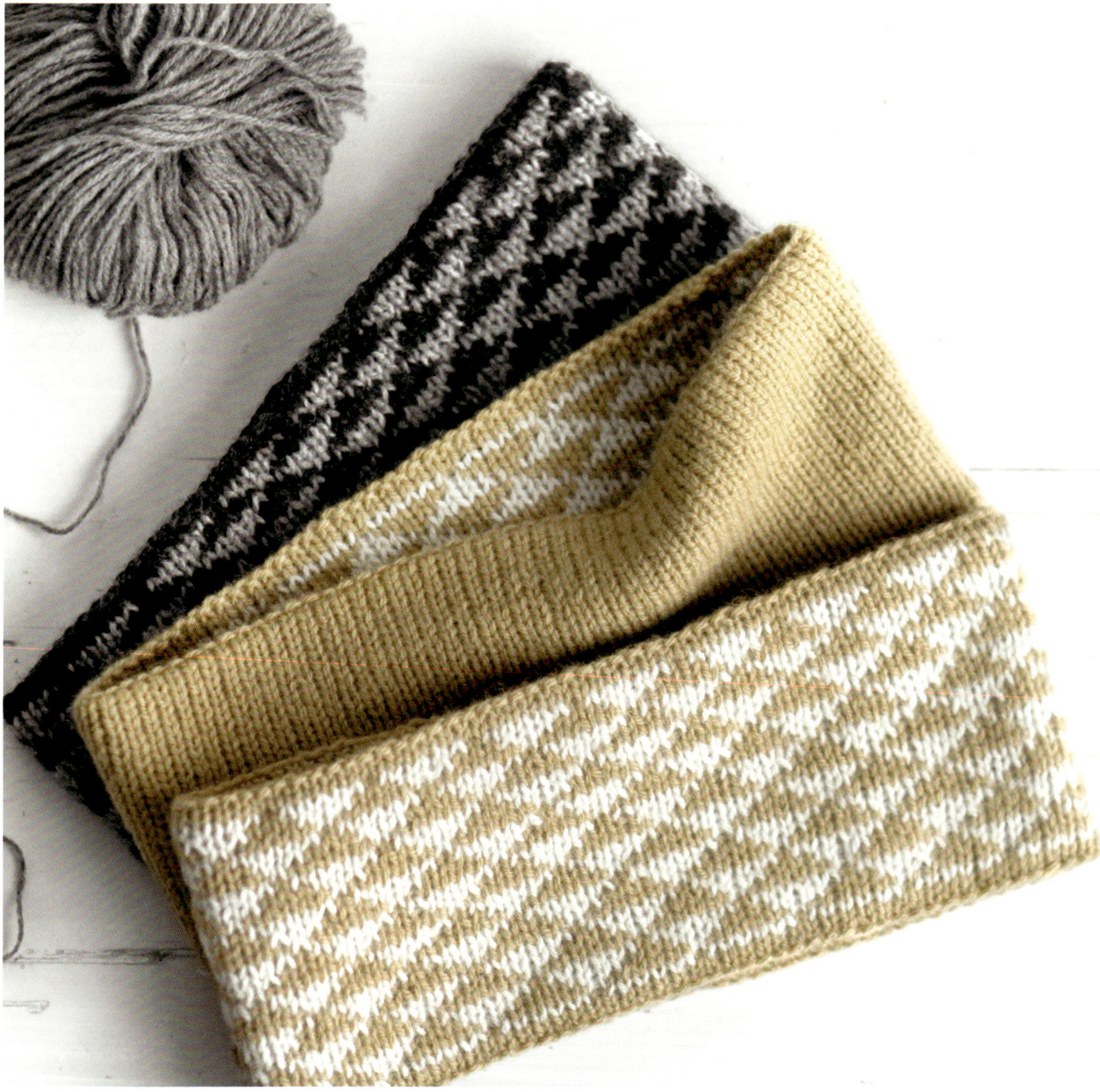

BASICS

GRÖSSE

Kopfumfang: 56–58 cm

Breite: ca. 10 cm

MATERIAL

- Lamana Como (100 % Schurwolle (Merino Superfine); LL 120 m/25 g) in HF Karamell (Fb 30) und KF Seidengrau (Fb 03M) oder HF Anthrazit (Fb 04M) und KF Silbergrau (Fb 05M), je 25 g pro Fb.
- 2 Rundstricknadeln 4,0 mm (60 cm) oder 2 Nadelspiele 4,0 mm (20 cm)
- evtl. Strickfingerhut als Hilfe für das zweifarbige Stricken
- Hilfsfaden und Häkelnadel 4,0–6,0 mm für den provisorischen Anschlag
- Vernähnadel

GRUNDMUSTER

Glatt rechts in Rd: alle M rechts str.

Jacquardmuster: Siehe Zählmuster. Im Zählmuster sind alle Rd dargestellt.

MASCHENPROBE

Glatt rechts mit Nd 4,0 mm: 20 M x 38 R = 10 x 10 cm

Jacquardmuster mit Nd 4,0 mm: 20 M x 32 R = 10 x 10 cm

ANLEITUNG

102 M provisorisch mit der HF anschl (s. Grundlagenteil) und zur Rd schließen.

Wenn ihr eine Rundstricknadel benutzt, den Rd-Anfang mit einem M-Markierer kennzeichnen.

Die ersten 3 Rd wie folgt in der HF str:

1. Rd: alle M rechts str.

2. Rd: alle M links str (= Bruchkante).

3. Rd: alle M rechts str.

In der folgenden Rd die KF hinzunehmen und laut Zählmuster mit beiden Farben im Wechsel glatt rechts im Jacquardmuster str. Den Rapport in der Länge 17x wdh. Dabei den Faden der nicht benötigten Fb auf der Rückseite der Arbeit locker mit führen. Darauf achten, die Spannfäden nicht zu fest anzuziehen, da sich das Strickstück sonst später unschön zusammenzieht und das Stirnband zu eng wird.

28 Rd im Jacquardmuster str, also den Rapport in der Höhe 4x wdh plus weitere 4 Rd laut Zählmuster.

Danach mit der HF wie folgt str:

1. und 2. Rd: alle M rechts str.

3. Rd: alle M links str (= 2. Bruchkante).

4.–38. Rd: alle M rechts str.

Den Faden ca. 50 cm lang abschneiden und alle restlichen Fäden auf der Rückseite vernähen.

Danach den provisorischen Anschlag lösen und diese M auf eine zweite Rundstrick-Nd oder Nadelspiel legen. Die obere Kante nach innen einschlagen, sodass sie auf die Anschlagkante trifft und die linke Rd eine Bruchkante bildet. Der einfarbige und zweifarbige Abschnitt sollten jetzt links auf links liegen. Nun beide Teile verbinden, d.h. die obere Abschlusskante mit der Anschlagkante im Maschenstich zusammennähen. Alle Fäden vernähen. Das Stirnband vorsichtig dämpfen.

ZÄHLMUSTER:

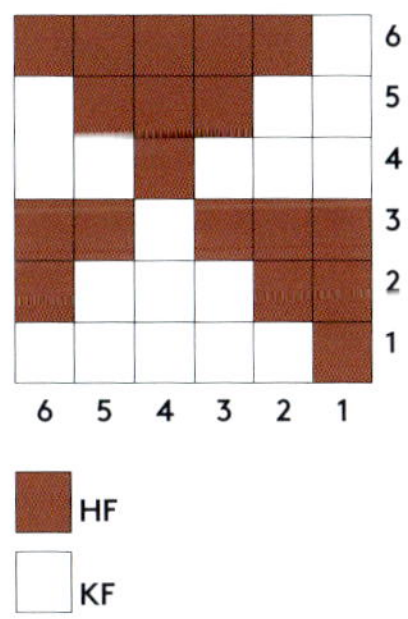

Den Rapport (= 6 M) in der Länge 17x wdh.

TIPP ***Wer wie ich kein Profi im mehrfarbigen Stricken ist und Probleme mit der Fadenhaltung hat, dem empfehle ich einen sogenannten Strickfingerhut, der beim Managen mehrerer Fäden hilft.***

MILA

Extrabreites Kuschelstirnband mit Twist

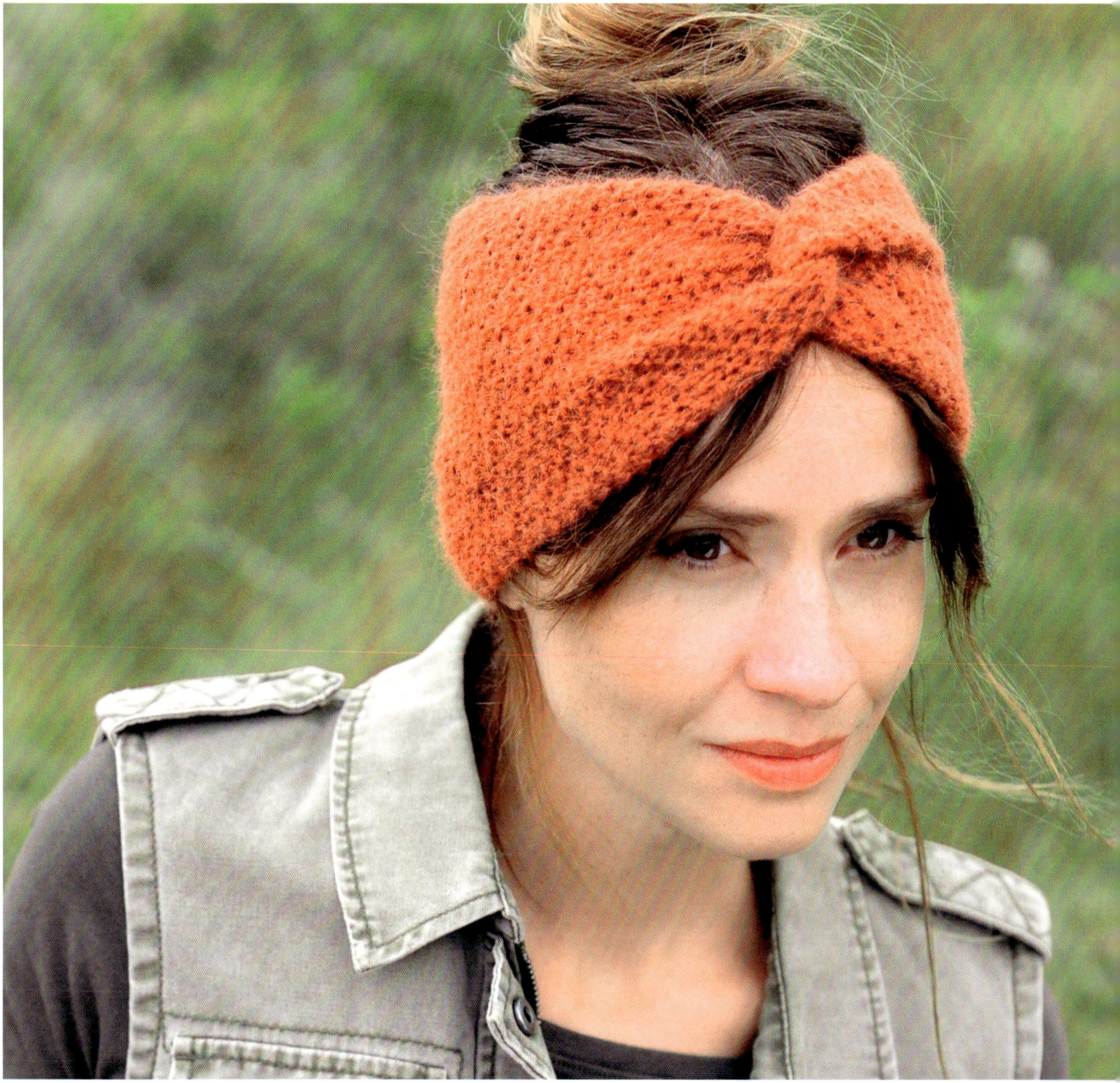

BASICS

GRÖSSE

Kopfumfang: 56–58 cm

Breite: ca. 14 cm

MATERIAL

- Lamana Cusi (100 % Alpaka; LL 225 m/50 g) in Kupfer (Fb 25), 50 g
- Rundstricknadel 5,0 mm (60 cm) und Nadelspiel 5,0 mm (20 cm)
- Hilfsfaden und Häkelnadel 5,0 mm–7,0 mm für den provisorischen Anschlag
- Vernähnadel

GRUNDMUSTER

Randmasche: In Hin- und Rück-R die erste und letzte M immer links str.

Perlmuster: In Hin- und Rück-R 1 M rechts, 1 M links im Wechsel str.

MASCHENPROBE

Doppelfädig im Perlmuster mit Nd 5,0 mm:
17 M x 27 R = 10 x 10 cm

TIPP ***Die Illustrationen für den Knoten gibt es auch zum Download (siehe QR-Code S. 3).***

ANLEITUNG

25 M mit doppeltem Faden provisorisch anschl (s. Grundlagenteil), dafür das Fadenende von der Außenseite und aus dem Inneren des Knäuels auffassen.

Im Perlmuster str:

1. R (Hin-R): 1 Rand-M, * 1 M rechts, 1 M links, ab * fortlaufend wdh, enden mit 1 Rand-M.

2. R (Rück-R): Wie die 1. R str.

Die 1. und 2. R wdh, bis 122 R gestrickt sind.

Die 123. R (= letzte R) wie folgt str:

1 Rand-M, 9 M im Perlmuster, 5 M locker mustergemäß abk, 9 M im Perlmuster, 1 Rand-M.

Den Faden ca. 20 cm lang abschneiden. Die verbleibenden, nicht abgeketteten 20 M auf 2 Nd des Nadelspiels verteilen, 10 M auf die erste, 10 M auf die zweite Nd (Abb. 1). Nun das Strickstück zusklappen, sodass beide Nd parallel zueinander liegen. Die beiden Maschenreihen im Maschenstich verbinden (Abb. 2).

Es entsteht eine nahezu unsichtbare Naht. Durch das Abketten der mittleren 5 M in der letzten R ergibt sich in der Mitte ein Loch.

Im nächsten Schritt den provisorischen Anschlag (am anderen Ende des Strickstücks) lösen und die M auf einer Nd des Nadelspiels auffangen. Es sollten 24 M auf der Nd liegen, da sich 1 M weniger auffassen lässt als angeschlagen wurde.

Diese M wie folgt auf zwei Nd verteilen: Die 1.–11. M auf die erste Nd legen, die nächsten 2 M abk, d. h. die 12. M über die 13. M ziehen und diese wiederum über die 14. M ziehen. Die 14.–24 M auf die zweite Nd heben. Auf den zwei Nd sollten sich jeweils 11 M befinden.

Nun die 11 M der zweiten Nd mitsamt der Nd von innen nach außen durch das Loch am anderen Ende des Bandes ziehen. Ihr könnt die M auf eine Sicherheitsnadel oder einen Hilfsfaden legen, um sie einfacher durch das Loch zu fädeln.

Anschließend die 11 M der 2. Nd im Maschenstich, wie bereits beschrieben, mit den 11 M der 1. Nd vernähen, sodass eine unsichtbare Naht entsteht (Abb. 3). Die Fäden auf der Innenseite vernähen und den entstandenen Knoten in Form bringen. Das Stirnband anfeuchten, in Form ziehen und trocknen lassen.

1.

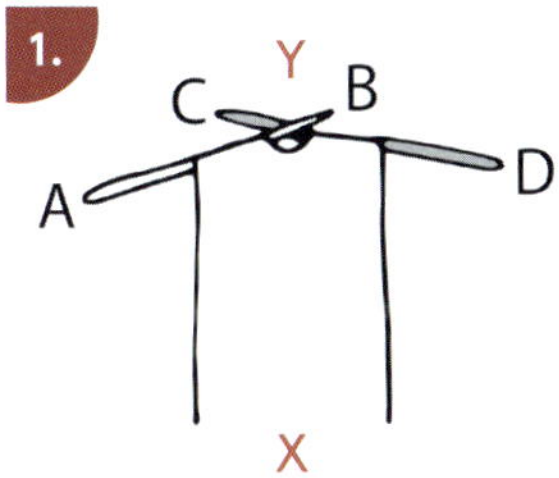

2.

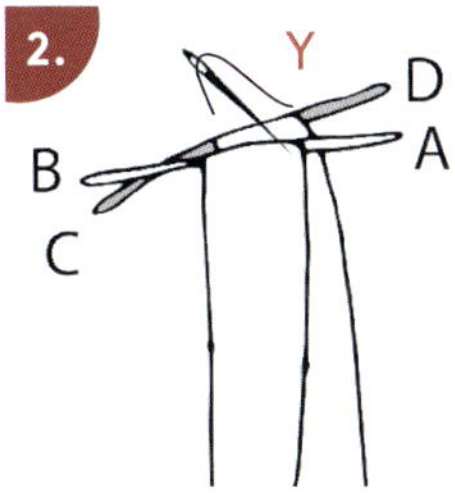

3.

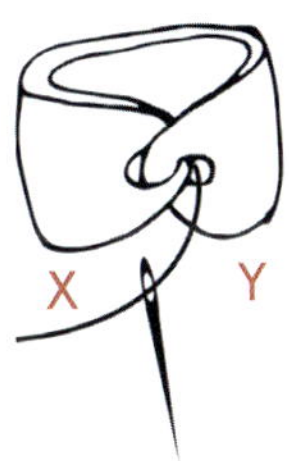

KLARA

Luftig und leicht aus edlem Mohair-Seiden-Garn

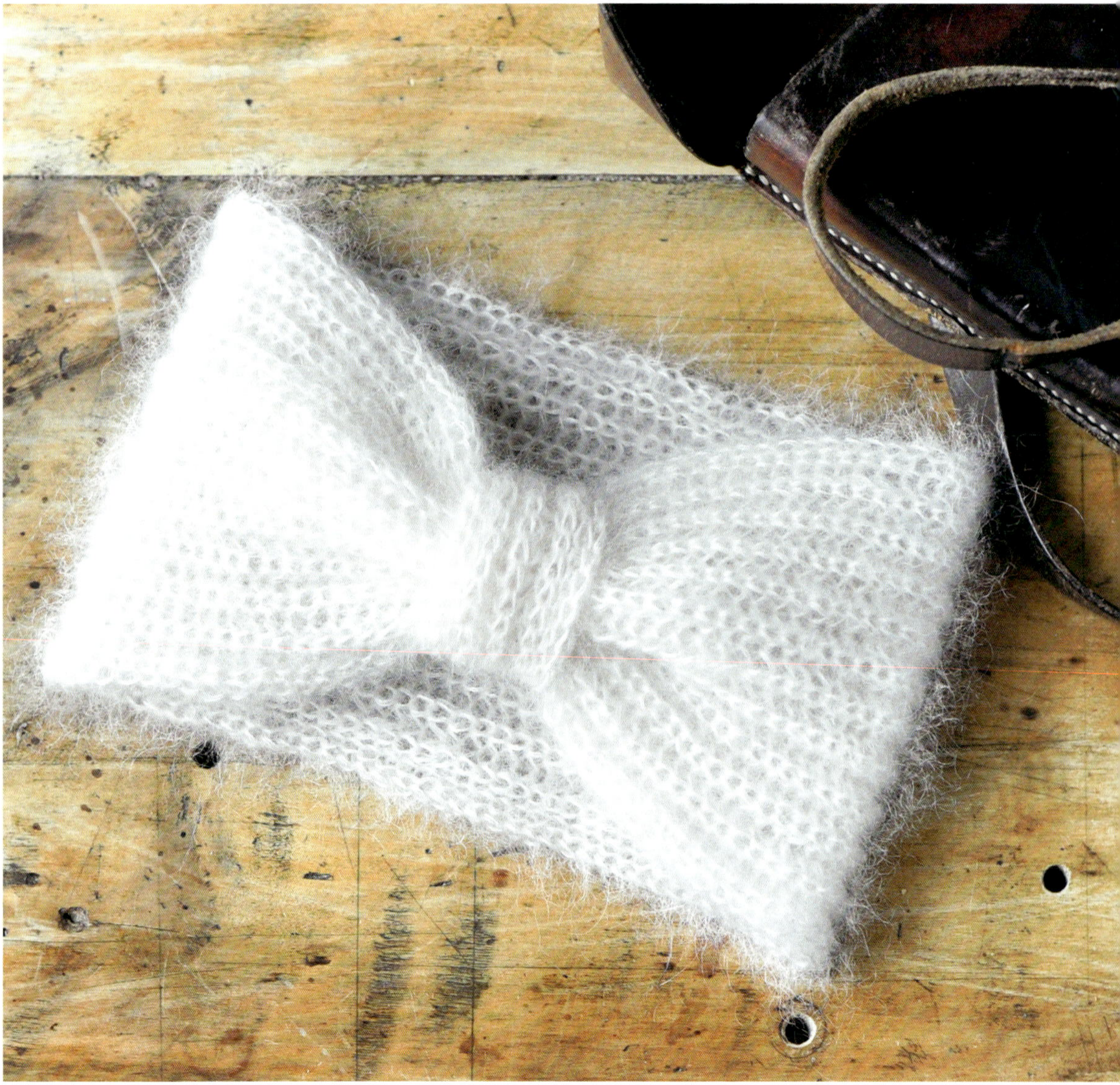

BASICS

GRÖSSE

Kopfumfang: 56-58 cm

Breite: ca. 12 cm

MATERIAL

- Rowan Kidsilk Haze (70 % Mohair, 30 % Seide; LL 210 m/25 g) in Cream (Fb 634), 25 g
- Rundstricknadel 4,5 mm (60 cm) oder Nadelspiel 4,5 mm (20 cm)
- Vernähnadel

GRUNDMUSTER

Randmasche: Die Rand-M wird als Patent-Randmasche jeweils über die ersten und letzten 3 M der R gestrickt. In Hin-R: 1 M rechts, 1 M links abh (FV), 1 M rechts. In Rück-R: 1 M links abh (FV), 1 M rechts, 1 M links abh (FV).

Vollpatent: Siehe Anleitung.

MASCHENPROBE

Doppelfädig im Vollpatent mit Nd 4,5 mm:
22 M x 34 R = 10 x 10 cm

TIPP ***Ihr müsst das Stirnband hier nicht unbedingt im Maschenstich zusammennähen, sondern könnt z. B. auch den etwas einfacheren Überwendlingsstich anwenden. Die Naht wird später von der Schlaufe verdeckt und muss daher nicht ganz so perfekt sein.***

ANLEITUNG

27 M mit doppeltem Faden anschl, dafür das Fadenende von der Außenseite und aus dem Inneren des Knäuels auffassen. Eine Rück-R wie folgt str: 3 Rand-M, * 1 M rechts, 1 M mit einem U links abh, ab * fortlaufend wdh, enden mit 1 M rechts, 3 Rand-M.

1. R (Hin-R): 3 Rand-M, * 1 M mit einem U links abh, 1 M mit dem U rechts zusstr, ab * fortlaufend wdh, enden mit 1 M mit einem U links abh, 3 Rand-M.

2. R (Rück-R): 3 Rand-M, * 1 M mit dem U rechts zusstr, 1 M mit einem U links abh, ab * fortlaufend wdh, enden mit 1 M mit dem U rechts zusstr, 3 Rand-M.

Die 1. und 2. R wdh, bis insgesamt 165 R gestrickt sind, die Rück-R zu Beginn nicht mitgerechnet.

In der folgenden Rück-R die Abkettreihe vorbereiten und wie folgt str: 3 Rand-M, * 1 M mit dem U rechts zusstr, 1 M links, ab * fortlaufend wdh, enden mit 1 M mit dem U rechts zusstr, 3 Rand-M.

In der 167. R alle M mustergemäß abk. Den Faden ca. 25 cm lang abschneiden und die Anschlag- und Abkettkante im Maschenstich zusammennähen. Den Faden zum Schluss fest anziehen, sodass sich das Stirnband an der Naht rafft. Hier wird später die Schlaufe angebracht.

SCHLAUFE:

11 M anschl und wie oben beschrieben 36 R im Vollpatent str. In der 37. R alle M mustergemäß abk. Den Faden ca. 15 cm lang abschneiden, die Schlaufe an der Nahtstelle um das Stirnband legen und zusammennähen. Alle Fäden vernähen. Das Stirnband anfeuchten, in Form ziehen und trocknen lassen.

ÑOVA

Halbpatent mit raffiniertem Knoten

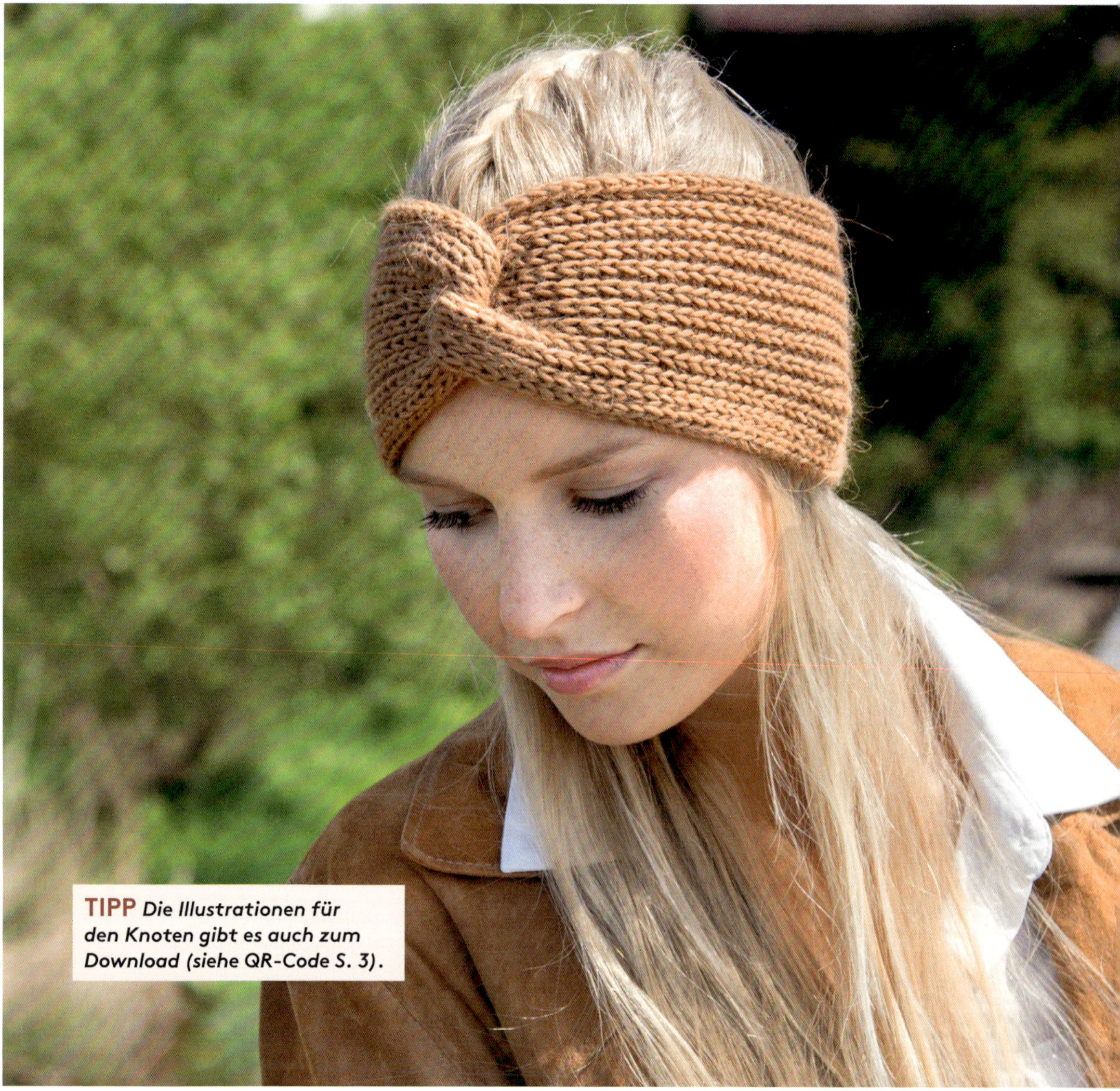

TIPP *Die Illustrationen für den Knoten gibt es auch zum Download (siehe QR-Code S. 3).*

BASICS

GRÖSSE

Kopfumfang: 56–58 cm

Breite: ca. 10 cm

MATERIAL

- Schoppel Alpaka Queen (50 % Schurwolle, 50 % Alpaka; LL 200 m/100 g) in Rotkappe (Fb 2303) oder Ocker (Fb 7490), 100 g
- Rundstricknadel 4,0 mm (60 cm) oder Nadelspiel 4,0 mm (20 cm)
- 3 Sicherheits- oder Hilfsnadeln
- Vernähnadel

GRUNDMUSTER

Randmasche: Die Rand-M wird als Patent-Randmasche jeweils über die ersten und letzten 3 M der R gestrickt. In Hin-R: 1 M rechts, 1 M links abh (FV), 1 M rechts. In Rück-R: 1 M links abh (FV), 1 M rechts, 1 M links abh (FV).

Halbpatent: Siehe Anleitung.

MASCHENPROBE

Im Halbpatent mit Nd 4,0 mm: 22 M x 37 R = 10 x 10 cm

ANLEITUNG

27 M anschl und eine Rück-R wie folgt str: 3 Rand-M, * 1 M rechts, 1 M mit einem U links abh, ab * wdh, enden mit 1 M rechts, 3 Rand-M.

1. R (Hin-R): 3 Rand-M, * 1 M links, 1 M mit dem U rechts zusstr, ab * fortlaufend wdh, enden mit 1 M links, 3 Rand-M.

2. R (Rück-R): 3 Rand-M, * 1 M rechts, 1 M mit einem U links abh, ab * fortlaufend wdh, enden mit 1 M rechts, 3 Rand-M.

Die 1. u. 2. R wdh, bis 86 R gestrickt sind, die Rück-R zu Beginn nicht mitgerechnet. Das Strickstück sollte nun ca. 20 cm messen. Für den Knoten die M in der nächsten Hin-R aufteilen: 9 M–9 M–9 M. Die mittleren u. hinteren M zunächst auf je einer Sicherheits-Nd stilllegen. Über die ersten 9 M 16 R im Halbpatent str:

1. R (Hin-R): 3 Rand-M, 1 M links, 1 M mit dem U rechts zusstr, 1 M links, 3 Rand-M.

2. R (Rück-R): 3 Rand-M, 1 M rechts, 1 M mit einem U links abh, 1 M rechts, 3 Rand-M.

Den Faden abschneiden. Die (vorderen) 9 M auf einer Sicherheits-Nd stilllegen. Faden neu anschlingen, über die hinteren 9 M 24 R im Halbpatent str, Faden abschneiden. Die M wieder auf eine Sicherheits-Nd legen. Die mittleren 9 M (hinter der Arbeit) bleiben ungestrickt (Abb. 1).

Den vorderen und hinteren Strang verknoten: Dafür den hinteren, etwas längeren Strang nach vorne um den ersten legen, sodass ein Knoten entsteht. Der bisher hintere Strang ist jetzt der vordere und umgekehrt (Abb. 2). Alle M wieder auf eine Nd heben: zunächst die M des jetzt hinteren Strangs, dann die 9 ungestrickten mittleren M und zum Schluss die jetzt vorderen M. Darauf achten, dass alle M und auch die U erfasst werden. Den Faden neu anschlingen und wieder über alle M im Halbpatent str.
Mit einer Hin-R (= Übergangs-R) beginnen. 3 Rand-M, 1 M links, 1 M mit dem U rechts zusstr, 2x (1 M links, 1 M rechts), 4x (1 M links, 1 M mit dem U rechts zusstr), 2x (1 M links, 1 M rechts), 1 M links, 1 M mit dem U rechts zusstr, 1 M links, 3 Rand-M.

Danach weitere 76 R im Halbpatent str. In der folgenden Rück-R alle M mustergemäß abk. Den Faden ca. 25 cm lang abschneiden, Anschlag- und Abkettkante im Maschenstich zusnähen, Fäden vernähen. Das Stirnband anfeuchten, in Form ziehen und trocknen lassen.

1.

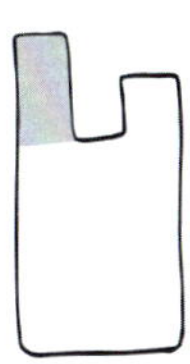

2.

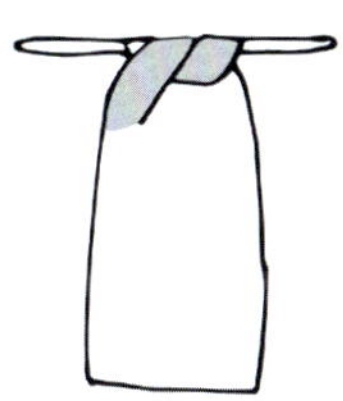

SOFIA

Kuschlig weiche Wolle im Wabenmuster

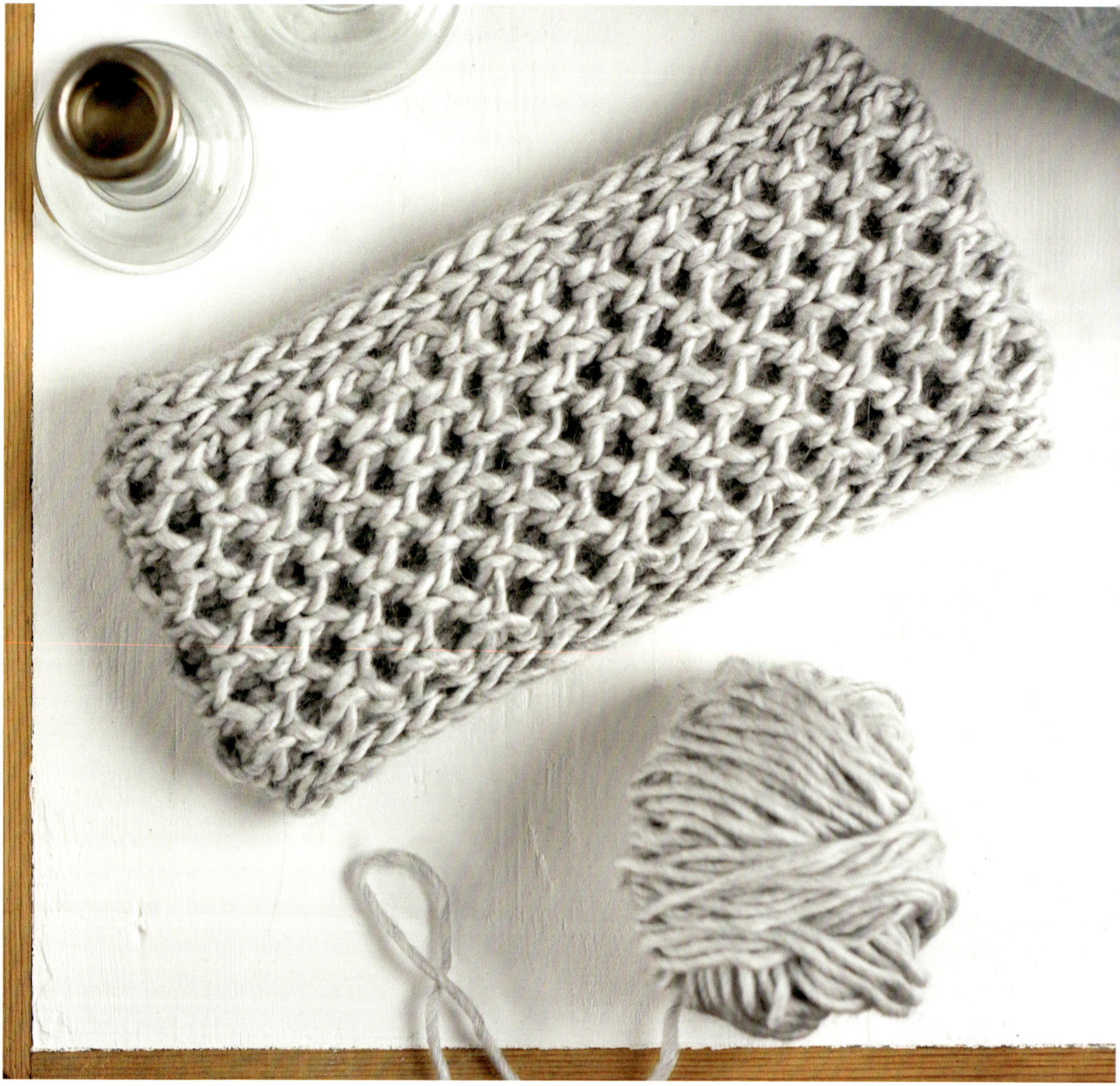

BASICS

GRÖSSE

Kopfumfang: 56–58 cm

Breite: ca. 10 cm

MATERIAL

- Rowan Cocoon (80 % Wolle, 20 % Mohair; LL 115 m/100 g) in Alpine (Fb 802), 100 g
- Rundstricknadel 6,5 mm (60 cm) oder Nadelspiel 6,5 mm (20 cm)
- Vernähnadel

GRUNDMUSTER

Randmasche: Die Rand-M wird als Patent-Randmasche jeweils über die ersten und letzten 3 M der R gestrickt. In Hin-R: 1 M rechts, 1 M links abh (FV), 1 M rechts. In Rück-R: 1 M links abh (FV), 1 M rechts, 1 M links abh (FV).

Wabenmuster: Siehe Anleitung.

MASCHENPROBE

Glatt rechts mit Nd 6,5 mm: 15 M x 18 R = 10 x 10 cm

TIPP ***Soll das Stirnband individuell an den Kopfumfang angepasst und etwas größer oder kleiner werden, dann mindestens 4 R oder ein Vielfaches davon mehr bzw. weniger str. So fügt sich das Muster an der Nahtstelle perfekt zusammen.***

ANLEITUNG

24 M anschl und eine Rück-R wie folgt str: 3 Rand-M, 1 M rechts, 16 M links, 1 M rechts, 3 Rand-M.

1. R (Hin-R): 3 Rand-M, 1 M links, * Rvkr, Lvkr, ab * fortlaufend wdh, enden mit 1 M links, 3 Rand-M.

2. R (Rück-R): 3 Rand-M, 1 M rechts, 16 M links, 1 M rechts, 3 Rand-M.

3. R: 3 Rand-M, 1 M links, * Lvkr, Rvkr, ab * fortlaufend wdh, enden mit 1 M links, 3 Rand-M.

4. R: Wie die 2. R str.

Die 1.–4. R insgesamt 23x str. Dann noch einmal bis zur 3. R str und in der folgenden Rück-R (= 96. R) alle M links abk.

Den Faden ca. 25 cm lang abschneiden und die Anschlag- und Abkettkante im Maschenstich zusammennähen. Alle Fäden vernähen. Das Stirnband anfeuchten, in Form ziehen und trocknen lassen.

SONYA

Sommerliches Stirnband mit Lochmuster

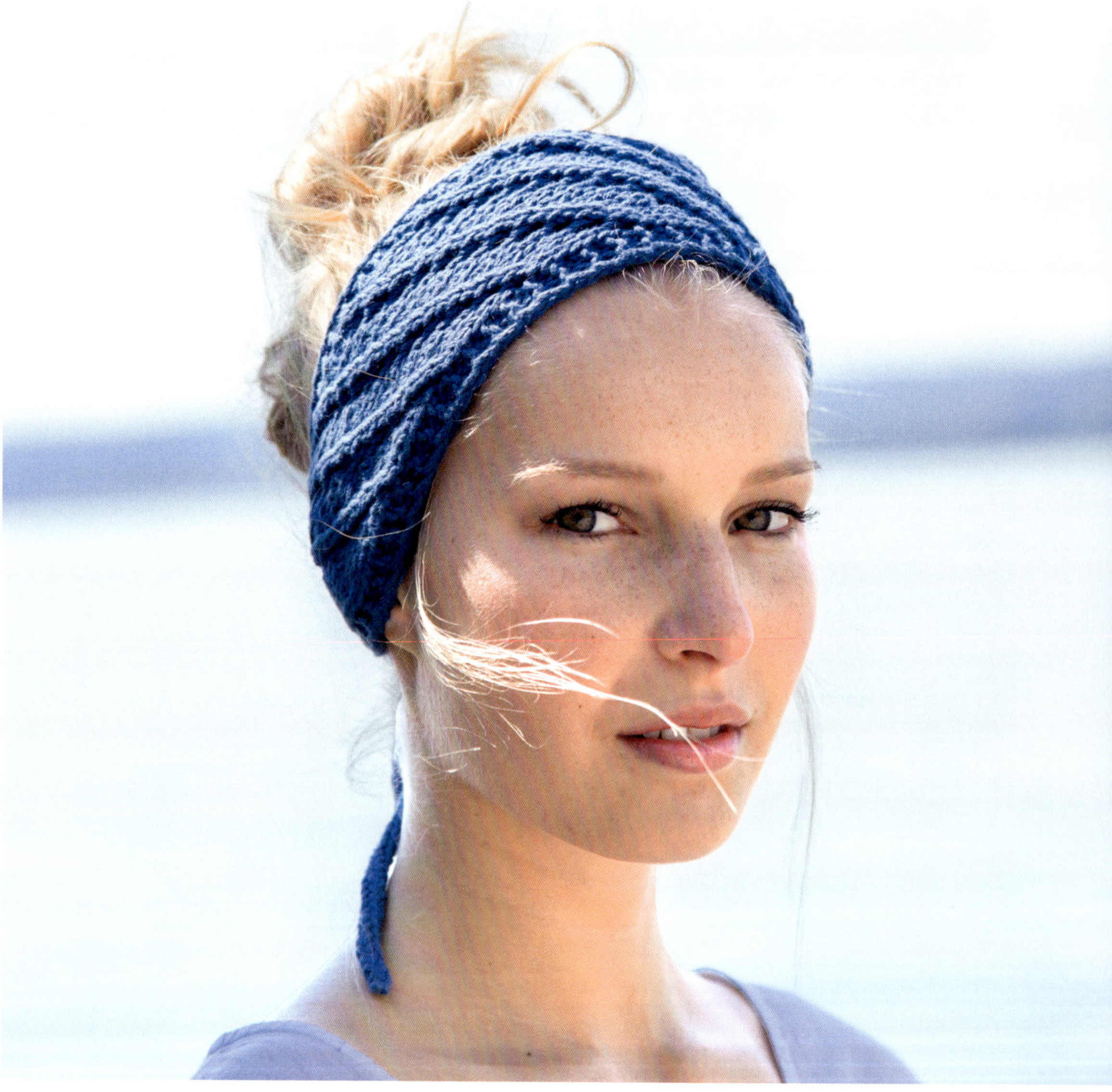

BASICS

GRÖSSE

Kopfumfang: 56–58 cm, variabel im Kopfumfang, da das Stirnband gebunden wird.

Breite: ca. 9 cm

MATERIAL

- Lamana Ica (100 % Pima Baumwolle, LL 80 m/50 g) in Jeans (Fb 12), 50 g
- Rundstricknadel 4,5 mm (60 cm) und Nadelspiel 4,0 mm (20 cm)
- Vernähnadel

GRUNDMUSTER

Randmasche: In Hin- und Rückreihen die 1. M rechts verschränkt str, die letzte M links abh (FV).

Lochmuster: Siehe Anleitung und Strickschrift. In der Strickschrift sind nur die Hin-R dargestellt. In den Rück-R die M str, wie in der Anleitung beschrieben.

MASCHENPROBE

Glatt rechts mit Nd 4,5 mm: 17 M x 22 R = 10 x 10 cm

TIPP ***Das Stirnband lässt sich auch gut mit offenem Haar im Boho/Hippie-Style tragen.***

ANLEITUNG

Das Stirnband wird inklusive der Bänder in einem Stück gestrickt.

Zunächst eine I-Cord (s. Grundlagenteil) auf 2 Nd des Nadelspiels 4,0 mm str. Dafür 3 M anschl und 40–45 R str, bis das Band eine Länge von etwa 23 cm hat. Arbeit wenden und eine Rück-R links str.

Zu Nd 4,5 mm wechseln und die Zunahme-R wie folgt str:

1. R (Hin-R): 1 Rand-M, 2 M aus 1 M herausstr, 1 Rand-M (= 4 M).

2. R (Rück-R): 1 Rand-M, 2 M rechts, 1 Rand-M.

3. R: 1 Rand-M, 2 M aus 1 M herausstr, 2 M aus 1 M herausstr, 1 Rand-M (= 6 M).

4. R: 1 Rand-M, 4 M rechts, 1 Rand-M.

5. R: 1 Rand-M, 2 M aus 1 M herausstr, 2 M rechts, 2 M aus 1 M herausstr, 1 Rand-M (= 8 M).

6. R: 1 Rand-M, 6 M rechts, 1 Rand-M.

7. R: 1 Rand-M, 2 M aus 1 M herausstr, 4 M rechts, 2 M aus 1 M herausstr, 1 Rand-M (= 10 M).

8. R: 1 Rand-M, 2 M rechts, 4 M links, 2 M rechts, 1 Rand-M.

9. R: 1 Rand-M, 3 M rechts, 1 M aus dem QF rechts verschränkt zun (links geneigt), 2 M rechts, 1 M aus dem QF rechts verschränkt zun (rechts geneigt), 3 M rechts, 1 Rand-M (= 12 M).

10. R: 1 Rand-M, 2 M rechts, 6 M links, 2 M rechts, 1 Rand-M.

11. R: 1 Rand-M, 3 M rechts, 1 M aus dem QF rechts verschränkt zun (links geneigt), 4 M rechts, 1 M aus dem QF rechts verschränkt zun (rechts geneigt), 3 M rechts, 1 Rand-M (= 14 M).

12. R: 1 Rand-M, 2 M rechts, 8 M links, 2 M rechts, 1 Rand-M.

Ab der 13. R beginnt das Lochmuster, parallel dazu weiterhin zun.

13. R: 1 Rand-M, 3 M rechts, 1 M aus dem QF rechts verschränkt zun (links geneigt), 2 M rechts, 2 M rechts zusstr, 1 U, 2 M rechts, 1 M aus dem QF rechts verschränkt zun (rechts geneigt), 3 M rechts, 1 Rand-M (= 16 M).

14. R: 1 Rand-M, 2 M rechts, 10 M links, 2 M rechts, 1 Rand-M.

15. R: 1 Rand-M, 3 M rechts, 1 M aus dem QF rechts verschränkt zun (links geneigt), 2 M rechts, 2 M rechts zusstr, 1 U, 2 M rechts, 2 M rechts zusstr, 1 U, 1 M aus dem QF rechts verschränkt zun (rechts geneigt), 3 M rechts, 1 Rand-M (= 18 M).

16. R: 1 Rand-M, 2 M rechts, 12 M links, 2 M rechts, 1 Rand-M.

17. R: 1 Rand-M, 5 M rechts, 2 M rechts zusstr, 1 U, 2 M rechts, 2 M rechts zusstr, 1 U, 5 M rechts, 1 Rand-M.

16. R: 1 Rand-M, 2 M rechts, 12 M links, 2 M rechts, 1 Rand-M.

Die benötigte M-Zahl ist erreicht, nun 8 R im Lochmuster laut Strickschrift arbeiten:

1. R (Hin-R): 1 Rand-M, 4 M

rechts, 2 M rechts zusstr, 1 U, 2x (2 M rechts, 2 M rechts zusstr, 1 U), 2 M rechts, 1 Rand-M.

2. R und alle geraden R (Rück-R): 1 Rand-M, 2 M rechts, 12 M links, 2 M rechts, 1 Rand-M.

3. R: 1 Rand-M, 3 M rechts, 2 M rechts zusstr, 1 U, 2x (2 M rechts, 2 M rechts zusstr, 1 U), 3 M rechts, 1 Rand-M.

5. R: 1 Rand-M, 3x (2 M rechts, 2 M rechts zusstr, 1 U), 4 M rechts, 1 Rand-M.

7. R: 1 Rand-M, 1 M rechts, 2 M rechts zusstr, 1 U, 2x (2 M rechts, 2 M rechts zusstr, 1 U), 5 M rechts, 1 Rand-M.

Die 1.–8. R insgesamt 9x str, bis insgesamt 72 R im Lochmuster gestrickt sind. Dann 2 Übergangs-R für die Abnahmen arbeiten:

73. R (Hin-R): 1 Rand-M, 4 M rechts, 2 M rechts zusstr, 1 U, 2 M rechts, 2 M rechts zusstr, 1 U, 6 M rechts, 1 Rand-M.

74. R (Rück-R): 1 Rand-M, 2 M rechts, 12 M links, 2 M rechts, 1 Rand-M.

Nun die Abnahme-R str:

1. R (Hin-R): 1 Rand-M, 2 M rechts, 2 M rechts zusstr (links geneigt), 3 M rechts, 2 M rechts zusstr, 1 U, 3 M rechts, 2 M rechts zusstr, 2 M rechts, 1 Rand-M (= 16 M).

2. R (Rück-R): 1 Rand-M, 2 M rechts, 10 M links, 2 M rechts, 1 Rand-M.

3. R: 1 Rand-M, 2 M rechts, 2 M rechts zusstr (links geneigt), 1 M rechts, 2 M rechts zusstr, 1 U, 3 M rechts, 2 M rechts zusstr, 2 M rechts, 1 Rand-M (= 14 M).

4. R: 1 Rand-M, 2 M rechts, 8 M links, 2 M rechts, 1 Rand-M.

5. R: 1 Rand-M, 2 M rechts, 2 M rechts zusstr (links geneigt), 4 M rechts, 2 M rechts zusstr, 2 M rechts, 1 Rand-M (= 12 M).

6. R: 1 Rand-M, 2 M rechts, 6 M links, 2 M rechts, 1 Rand-M.

7. R: 1 Rand-M, 2 M rechts, 2 M rechts zusstr (links geneigt), 2 M rechts, 2 M rechts zusstr, 2 M rechts, 1 Rand-M (= 10 M).

8. R: 1 Rand-M, 2 M rechts, 4 M links, 2 M rechts, 1 Rand-M.

9. R: 1 Rand-M, 2 M rechts zusstr (links geneigt), 4 M rechts, 2 M rechts zusstr, 1 Rand-M (= 8 M).

10. R: 1 Rand-M, 6 M rechts, 1 Rand-M.

11. R: 1 Rand-M, 2 M rechts zusstr (links geneigt), 2 M rechts, 2 M rechts zusstr, 1 Rand-M (= 6 M).

12. R: 1 Rand-M, 4 M rechts, 1 Rand-M.

13. R: 1 Rand-M, 2 M rechts zusstr (links geneigt), 2 M rechts zusstr, 1 Rand-M (= 4 M).

14. R: 1 Rand-M, 2 M rechts, 1 Rand-M.

15. R: 1 Rand-M, 2 M rechts zusstr (links geneigt), 1 Rand-M (= 3 M).

16. R: alle M rechts str.

Zu Nd 4,0 mm wechseln und über die verbleibenden 3 M eine I-Cord str. Nach 40–45 R, wenn das Band eine Länge von etwa 23 cm erreicht hat, alle M abk. Alle Fäden vernähen. Das Stirnband anfeuchten, in Form ziehen und trocknen lassen.

STRICKSCHRIFT

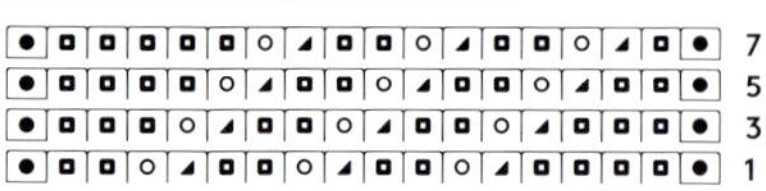

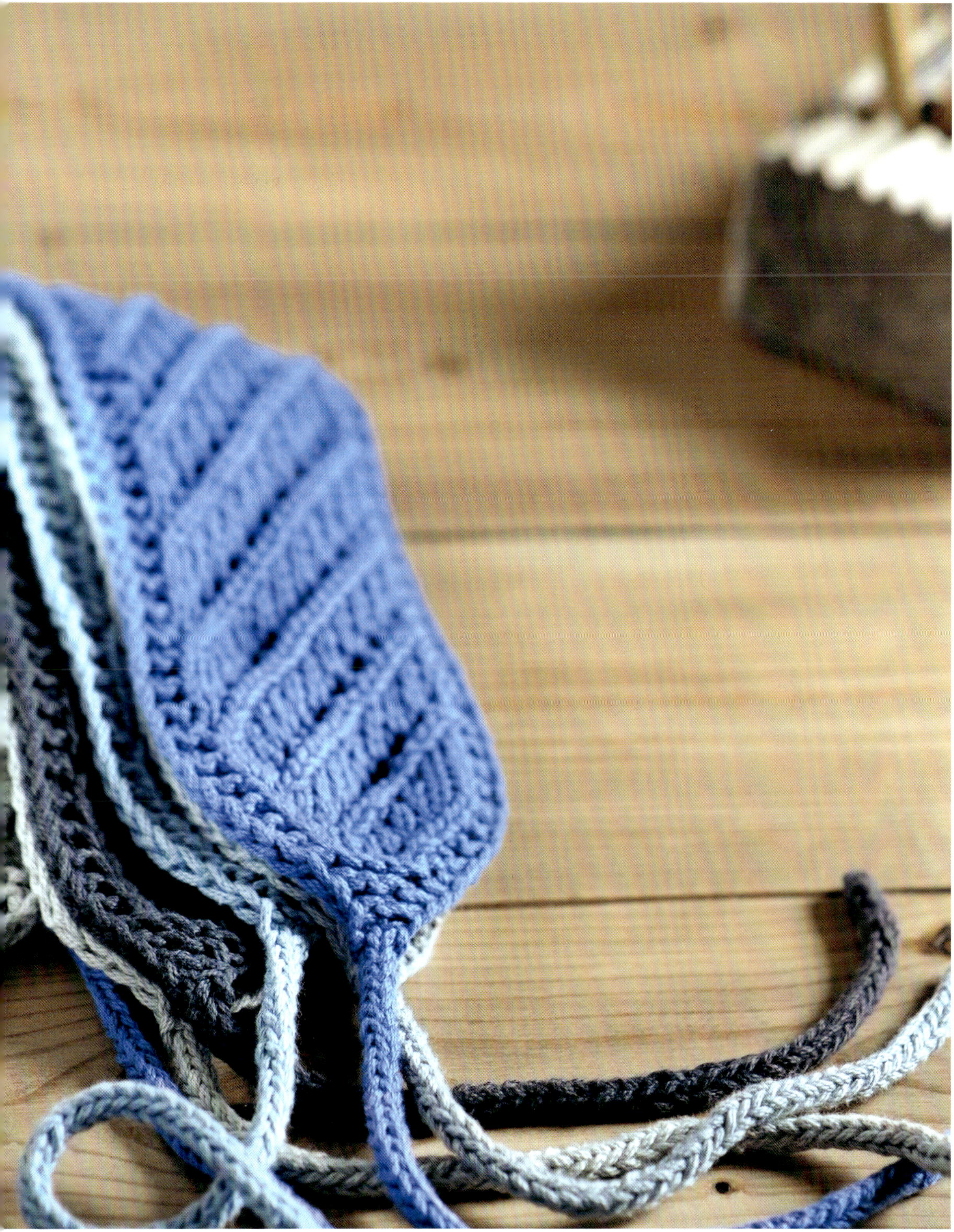

ALVA

Stirnband im Turban-Stil – einfach und schnell

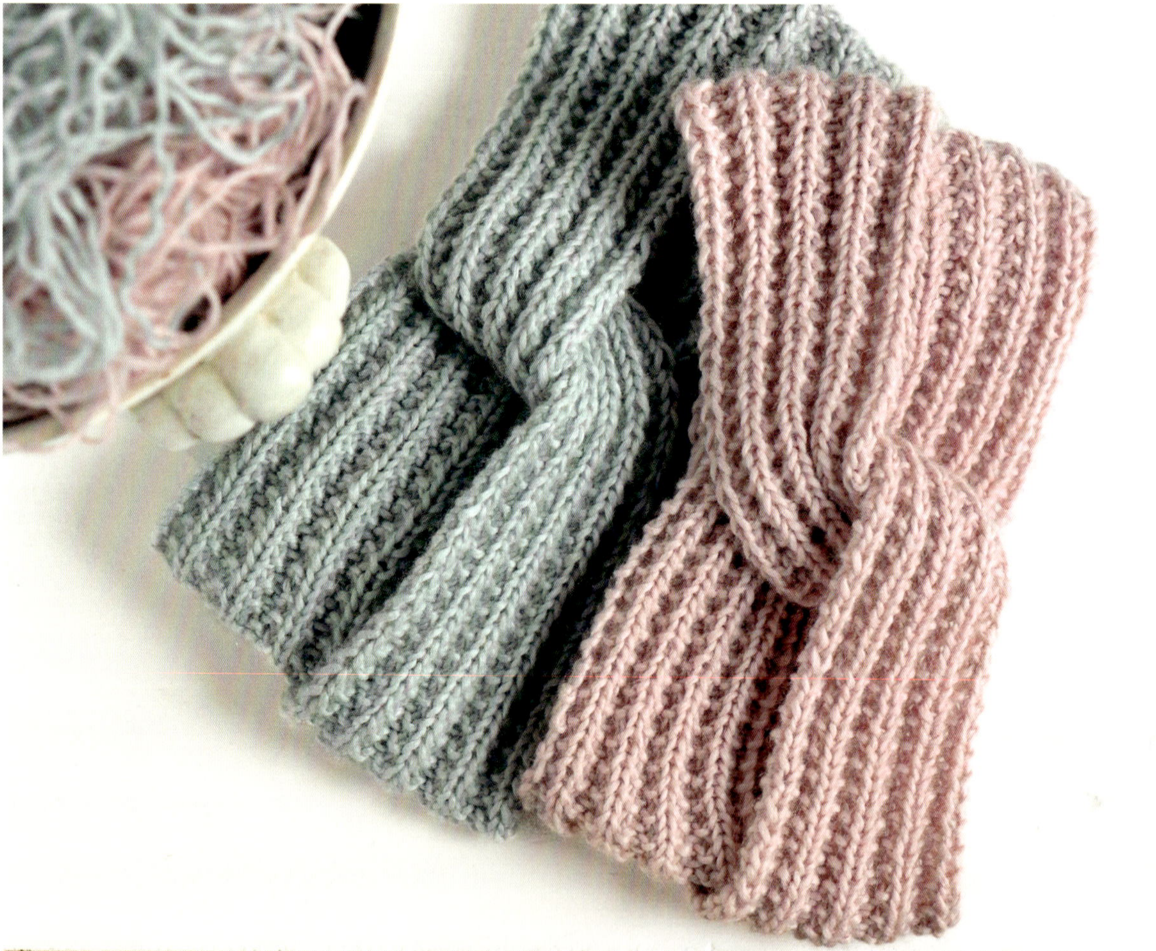

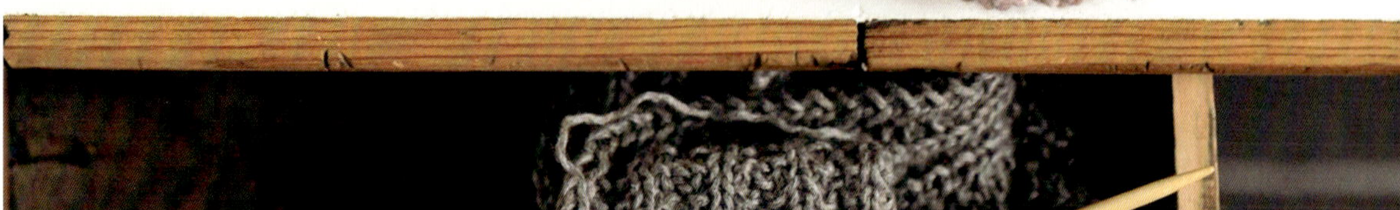

BASICS

GRÖSSE

Kopfumfang: 56–58 cm

Breite: 7–10 cm (in der Breite variabel)

MATERIAL

- Schoppel Cashmere Queen (45 % Wolle, 35 % Kaschmir, 20 % Seide; LL 140 m/50 g) in Helio (Fb 5723) oder Blassrosa (Fb 7810), 50 g
- Rundstricknadel 4,0 mm (60 cm) oder Nadelspiel 4,0 mm (20 cm)
- Vernähnadel

GRUNDMUSTER

Randmasche: In Hin- und Rück-R die erste M rechts abh und die letzte M rechts str.

Falsches Patent: Siehe Anleitung.

MASCHENPROBE

Glatt rechts mit Nd 4,0 mm: 20 M x 26 R = 10 x 10 cm

TIPP ***Die Illustrationen für den Twist gibt es auch zum Download (siehe QR-Code S. 3).***

ANLEITUNG

19 M anschl und wie folgt im falschen Patentmuster str:

1. R (Hin-R): 1 Rand-M, * 2 M rechts, 1 M links, 1 M rechts, ab * fortlaufend wdh, enden mit 1 M rechts, 1 Rand-M.

2. R (Rück-R): 1 Rand-M, 1 M links * 3 M rechts, 1 M links, ab * fortlaufend wdh, enden mit 1 Rand-M.

Die 1. und 2. R wdh, bis ca. 50 cm gestrickt sind. In der folgenden Hin-R alle M mustergemäß abk.

Auf gleiche Weise einen zweiten Strang str.

Nun beide Stränge ineinander verschlingen, sodass in der vorderen Mitte ein Knoten entsteht (siehe Abb. 1 + 2). Die vier Enden auf der Rückseite zusammenführen (siehe Abb. 3) und im Maschenstich oder Überwendlingsstich zusammennähen. Alle Fäden vernähen. Das Stirnband anfeuchten, in Form ziehen und trocknen lassen.

1.

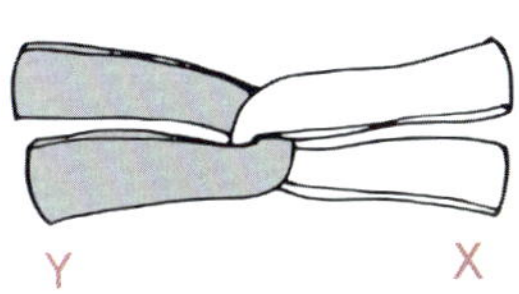

2.

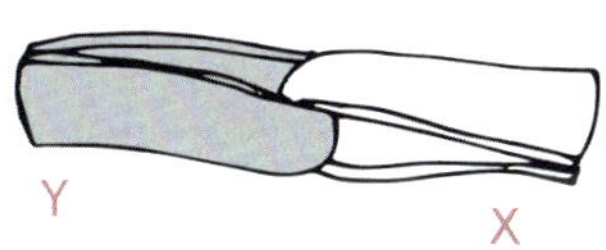

3.

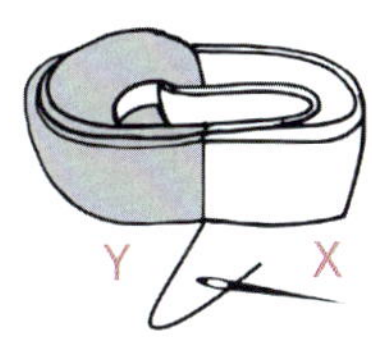

GRETA

Kuschelweiches Stirnband im Rippenmuster mit Twist

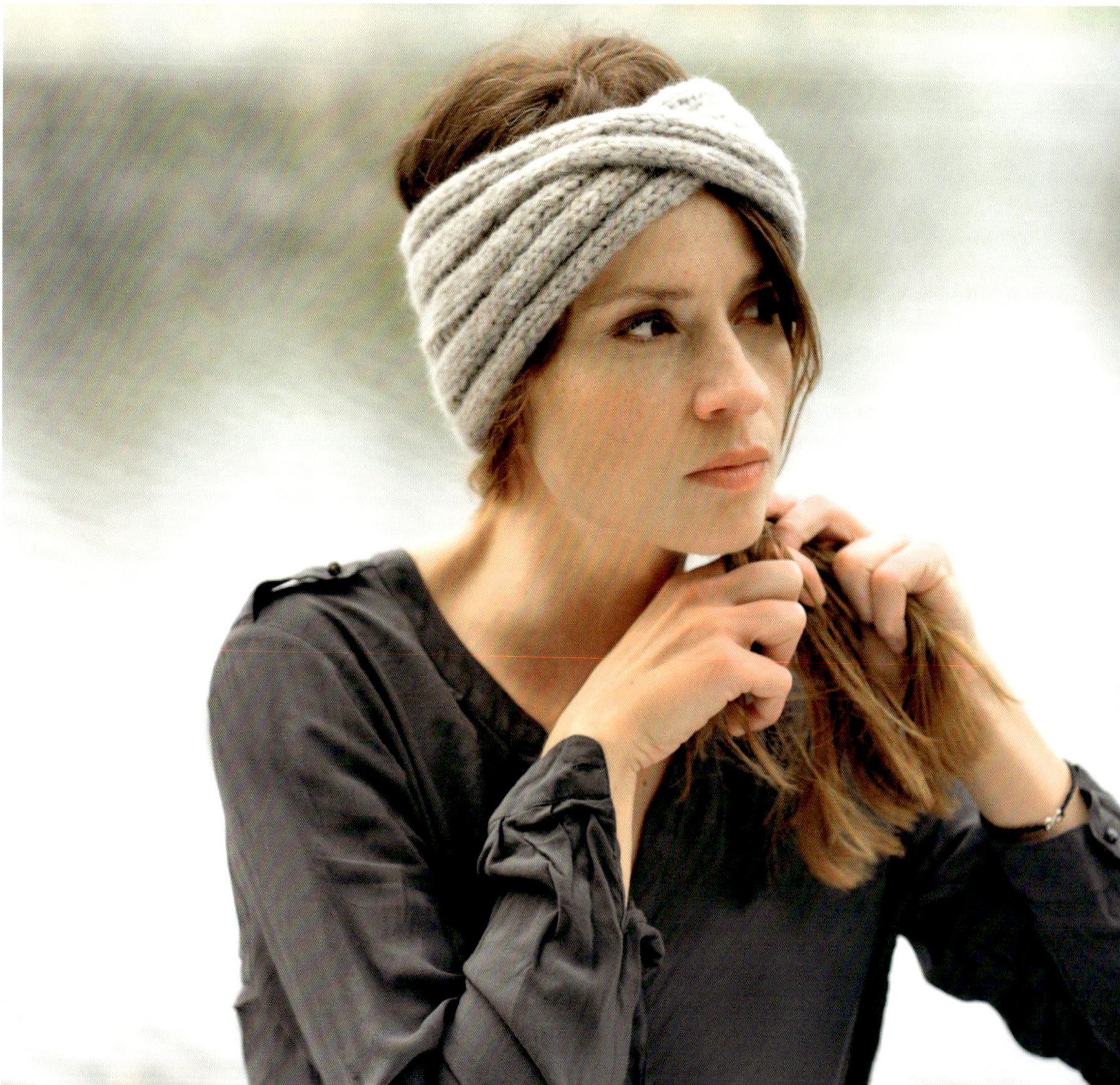

BASICS

GRÖSSE

Kopfumfang: 56–58 cm

Breite: ca. 12 cm

MATERIAL

- Rowan Brushed Fleece (65 % Wolle, 30 % Alpaka, 5 % Polyamid; LL 105 m/ 50 g) in Cairn (Fb 263), 50 g
- Rundstricknadel 5,5 mm (60 cm) oder Nadelspiel 5,5 mm (20 cm)
- Hilfsnadel
- Vernähnadel

GRUNDMUSTER

Randmasche: In Hin-R die erste M rechts verschränkt, die letzte M rechts str. In Rück-R die erste und letzte M jeweils links abh (FV).

Rippenmuster: In Hin-R 3 M rechts, 2 M links im Wechsel. In Rück-R M str, wie sie erscheinen.

MASCHENPROBE

Glatt rechts mit Nd 5,5 mm: 13 M x 19 R = 10 x 10 cm

TIPP ***Das Stirnband sieht auch wunderbar zum Dutt aus.***

ANLEITUNG

25 M anschl und eine Rück-R wie folgt str: 1 Rand-M, * 3 M links, 2 M rechts, ab * fortlaufend wdh, enden mit 3 M links, 1 Rand-M.

1. R (Hin-R): 1 Rand-M, * 3 M rechts, 2 M links, ab * fortlaufend wdh, enden mit 3 M rechts, 1 Rand-M.

2. R (Rück-R): 1 Rand-M, M str, wie sie erscheinen, 1 Rand-M.

Die 1. und 2. R insgesamt 17x str, bis 34 R im Rippenmuster gestrickt sind, die Rück-R zu Beginn nicht mitgerechnet. Das Strickstück sollte nun ca. 18 cm messen.

In der folgenden Hin-R die M aufteilen und nur über die ersten 15 M str, die hinteren 10 M auf einer Hilfs-Nd stilllegen. 26 R wie oben beschrieben im Rippenmuster str, Faden abschneiden.

Danach den Faden neu anschlingen und 26 R über die 10 hinteren M im Rippenmuster str.

Nachdem beide Stränge vollendet sind, alle M wieder zusammen auf eine Nd legen. Dabei die beiden Stränge kreuzen, d.h. den hinteren schmalen über den vorderen etwas breiteren Strang nach vorne legen.

32 R im Rippenmuster über alle M str. In der folgenden Hin-R alle M mustergemäß abk.

Den Faden ca. 25 cm lang abschneiden und die Anschlag- und Abkettkante im Maschenstich zusammennähen. Alle Fäden vernähen. Das Stirnband anfeuchten, in Form ziehen und trocknen lassen.

SVEJA

Schleifenlook mit effektvollem Strukturmuster

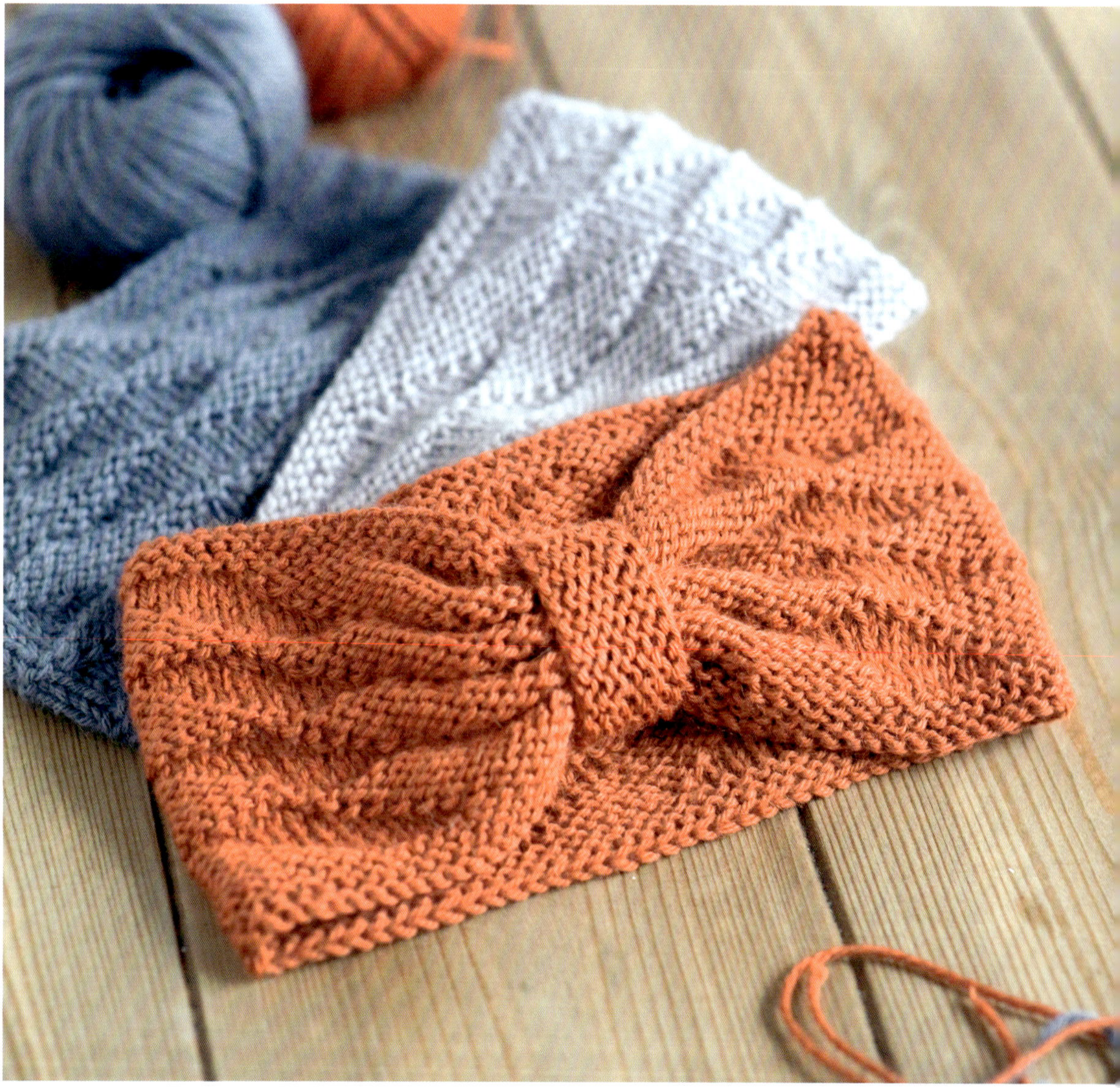

BASICS

GRÖSSE

Kopfumfang: 56–58 cm

Breite: ca. 11 cm

MATERIAL

- Lamana Cusco (100 % Baby Alpaka; LL 85 m/50 g) in Kupfer (Fb 25), Schiefergrau (Fb 28) oder Perlgrau (Fb 37), 50 g
- Rundstricknadel 4,0 mm und 4,5 mm (60–80 cm)
- Vernähnadel

GRUNDMUSTER

Randmasche: In Hin- und Rück-R die erste und letzte M immer rechts str.

Kraus rechts: In Hin- und Rück-R alle M rechts str.

Rautenmuster: Siehe Anleitung und Strickschrift. In der Strickschrift sind alle R dargestellt, Rück-R werden von links nach rechts, Hin-R von rechts nach links gelesen.

MASCHENPROBE

Glatt rechts mit Nd 4,5 mm: 20 M x 24 R = 10 x 10 cm

TIPP ***Das Stirnband bereits vor dem Zusammennähen anfeuchten und leicht spannen, so kommt das Rautenmuster aus rechten und linken M später perfekt zur Geltung.***

ANLEITUNG

86 M mit Nd 4,0 mm anschl und 5 R kraus rechts str. Zu Nd 4,5 mm wechseln und wie folgt str:

1. R (Rück-R): 1 Rand-M, * 7 M rechts, 7 M links, ab * fortlaufend wdh, enden mit 1 Rand-M.

2. R (Hin-R): 1 Rand-M, * 1 M links, 7 M rechts, 6 M links, ab * fortlaufend wdh, enden mit 1 Rand-M.

3. R: 1 Rand-M, * 5 M rechts, 7 M links, 2 M rechts, ab * fortlaufend wdh, enden mit 1 Rand-M.

4. R: 1 Rand-M, * 3 M links, 7 M rechts, 4 M links, ab * fortlaufend wdh, enden mit 1 Rand-M.

5. R: 1 Rand-M, * 3 M rechts, 7 M links, 4 M rechts, ab * fortlaufend wdh, enden mit 1 Rand-M.

6. R: 1 Rand-M, * 5 M links, 7 M rechts, 2 M links, ab * fortlaufend wdh, enden mit 1 Rand-M.

7. R: 1 Rand-M, * 1 M rechts, 7 M links, 6 M rechts, ab * fortlaufend wdh, enden mit 1 Rand-M.

8. R: 1 Rand-M, * 7 M links, 7 M rechts, ab * fortlaufend wdh, enden mit 1 Rand-M.

Die 1.–8. R insgesamt 4x str (= 32 R im Rautenmuster). Zu Nd 4,0 mm wechseln und 4 R kraus rechts str. In der folgenden Rück-R alle M rechts abk. Hier unbedingt darauf achten, sehr locker abzuketten, damit das Stirnband später an der Abkettkante nicht zu eng ist und gut passt. Den Faden ca. 25 cm lang abschneiden und die Seiten des Stirnbandes im Matratzenstich zusammennähen. Den Faden zum Schluss fest anziehen, sodass sich das Stirnband an der Naht rafft. Hier wird später die Schlaufe angebracht.

SCHLAUFE:

Für die Schlaufe 20 M mit Nd 4,0 mm anschl und 13 R kraus rechts str. In der 14. R alle M locker rechts abk. Den Faden ca. 15 cm lang abschneiden, die Schlaufe an der Nahtstelle um das Stirnband legen und zusammennähen.

Alle Fäden vernähen. Das Stirnband anfeuchten, in Form ziehen und trocknen lassen.

STRICKSCHRIFT

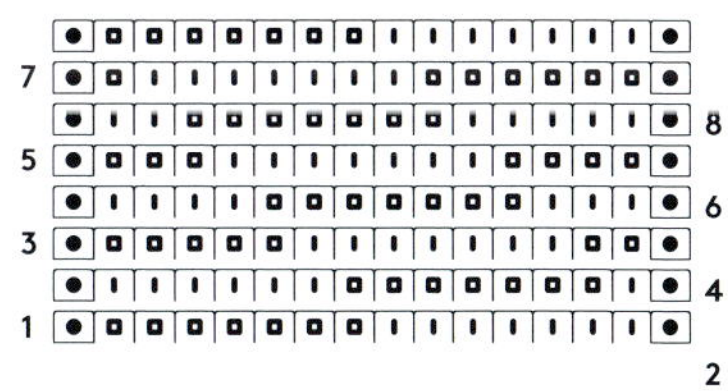

Rapport über 14 M (6x wdh)

LEAH

Zweifarbiges Stirnband im Jacquardmuster

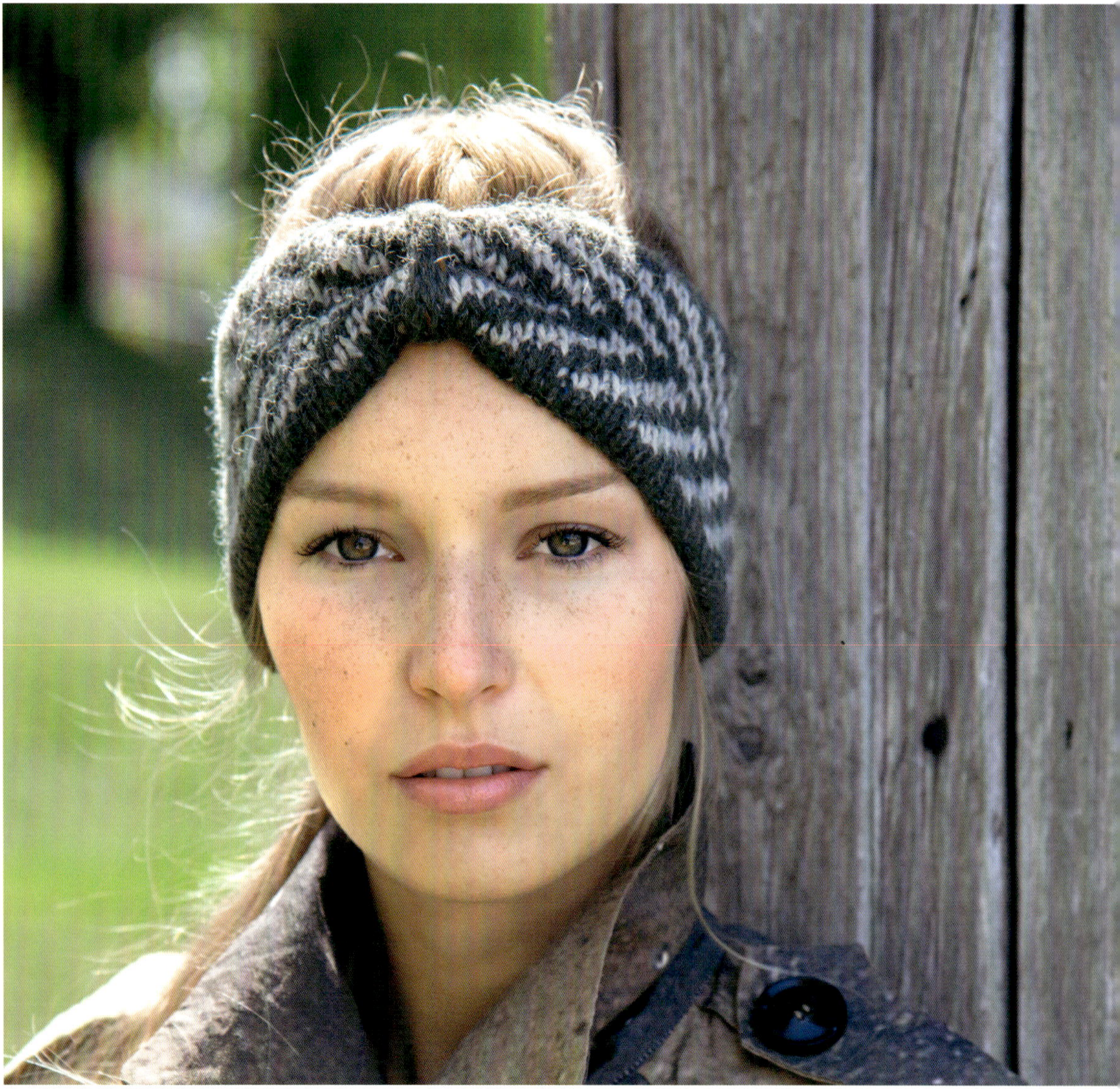

BASICS

GRÖSSE

Kopfumfang: 56–58 cm

Breite: ca. 9,5 cm

MATERIAL

- Rowan Felted Tweed Aran (50 % Wolle, 25 % Alpaka, 25 % Viskose; LL 87 m/50 g) in HF Garden (Fb 740) und KF Clay (Fb 777), je 50 g pro Fb
- Rundstricknadeln 4,0 mm (60 cm) und 5,0 mm (60 cm), Nadelspiel 4,0 mm
- evtl. Strickfingerhut als Hilfe für das zweifarbige Stricken
- Vernähnadel

GRUNDMUSTER

Glatt rechts: In Rd alle M rechts str.

Jacquardmuster: Siehe Zählmuster. Im Zählmuster sind alle Rd dargestellt.

MASCHENPROBE

Glatt rechts mit Nd 4,0 mm: 18 M x 22 R = 10 x 10 cm

Jacquardmuster mit Nd 5,0 mm: 17 M x 21 R = 10 x 10 cm

TIPP ***Ihr könnt die Schlaufe in der vorderen Mitte auch einfach weglassen. So entsteht ein klassisches Stirnband und das Jacquardmuster kommt perfekt zur Geltung.***

ANLEITUNG

88 M mit Nd 4,0 mm in der HF anschl und zur Rd schließen. Wenn ihr eine Rundstricknadel benutzt, den Rd-Anfang mit einem M-Markierer kennzeichnen.

Für das doppelte Bündchen wie folgt in der HF str:

1.–4. Rd: alle M rechts str.

5. Rd: alle M links str (= Bruchkante).

6. und 7. Rd: alle M rechts str.

In der folgenden Rd zu Nd 5,0 mm wechseln und laut Zählmuster in HF und KF zweifarbig glatt rechts im Jacquardmuster str. Den Rapport in der Länge 11x wdh.

ZÄHLMUSTER:

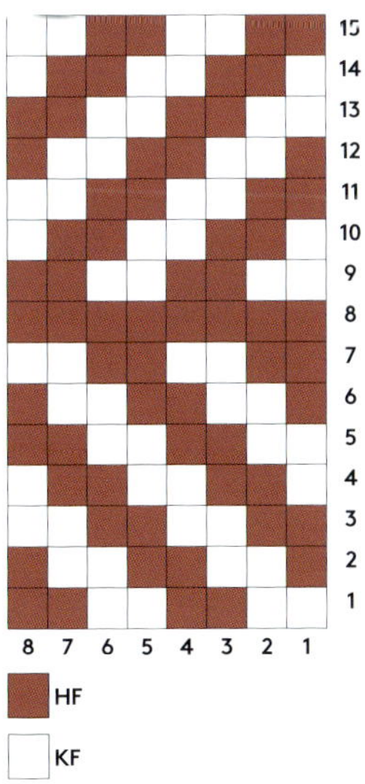

Den Rapport (= 6 M) in der Länge 17x wdh.

Dabei den Faden der nicht benötigten Fb auf der Rückseite der Arbeit locker mitführen. Darauf achten, die Spannfäden nicht zu fest anzuziehen, da sich das Strickstück sonst später unschön zusammenzieht und das Stirnband zu eng wird.

15 Rd im Jacquardmuster str, also den Rapport in der Höhe 1x str.

Danach wieder zu Nd 4,0 mm wechseln und mit der HF das obere Bündchen str:

1.–3. Rd: alle M rechts str.

4. Rd: alle M links str (= Bruchkante).

5.–7. Rd: alle M rechts str.

In der 8. Rd all M locker rechts abk.

Nun jeweils den oberen und unteren Rand an der Bruchkante nach innen einschlagen und auf der Rückseite mit Überwendlingsstichen annähen. Bevor die Schlaufe angebracht wird, alle Fäden vernähen und das Stirnband vorsichtig dämpfen.

SCHLAUFE:

Die Schlaufe wird als I-Cord (siehe Grundlagenteil) auf 2 Nd des Nadelspiels 4,0 mm gestrickt.

Dafür 4 M in der HF anschl und 15 R rechts str. Dann alle M abk, den Faden ca. 10 cm lang abschneiden und die Schlaufe am Übergang zwischen Rd-Anfang und -Ende um das Stirnband legen und zusammennähen.

FINJA

Stirnband mit raffiniertem Zopf

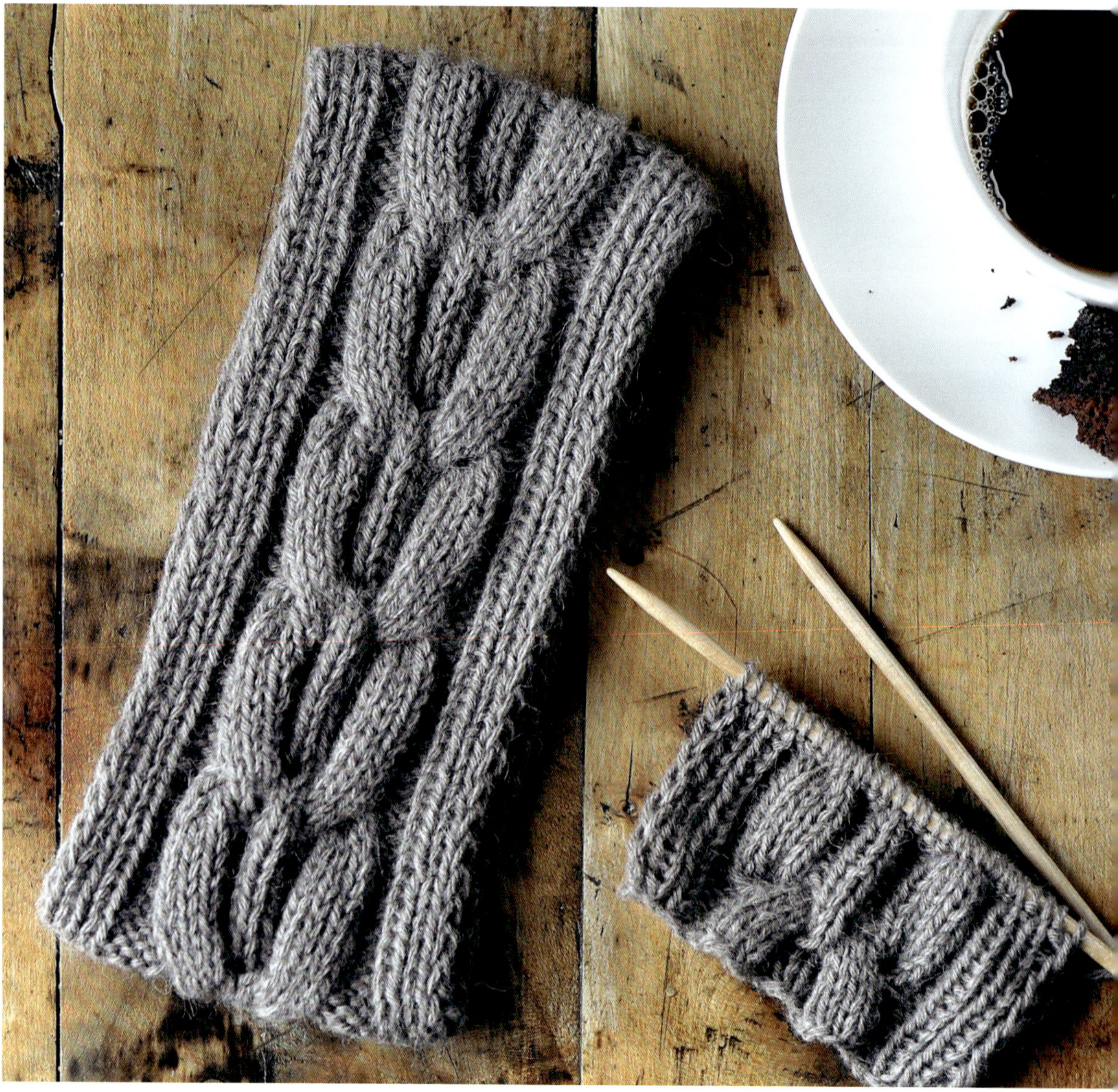

BASICS

GRÖSSE

Kopfumfang: 56–58 cm

Breite: ca. 10 cm

MATERIAL

- Lamana Bergamo (75 % Schurwolle (Merino Superfine), 25 % Alpaka; LL 65 m/25 g) in Walnuss (Fb 58M), 100 g
- Rundstricknadel 5,0 mm (60 cm) oder Nadelspiel 5,0 mm (20 cm)
- Zopf- oder Hilfsnadel
- Vernähnadel

GRUNDMUSTER

Randmasche: In Hin- und Rück-R die 1. M rechts verschränkt str, die letzte M links abh (FV).

Zopfmuster: Siehe Anleitung und Strickschrift. In der Strickschrift sind alle R dargestellt, Rück-R werden von links nach rechts, Hin-R von rechts nach links gelesen.

MASCHENPROBE

Glatt rechts mit Nd 5,0 mm: 16 M x 24 R = 10 x 10 cm

Breite des Zopfes: ca. 5,5 cm

TIPP ***Beachtet, dass in der Rückreihe nach der Verzopfung über dem Zopf alle Maschen links gestrickt werden.***

ANLEITUNG

32 M anschl und eine Rück-R wie folgt str: 1 Rand-M, 2x (1 M rechts, 1 M links), 3 M rechts, 4 M links, 3 M rechts, 2 M links, 3 M rechts, 4 M links, 3 M rechts, 2x (1 M links, 1 M rechts), 1 Rand-M.

1. R (Hin-R): 1 Rand-M, 2x (1 M links, 1 M rechts), 3 M links, 4 M rechts, 3 M links, 2 M rechts, 3 M links, 4 M rechts, 3 M links, 2x (1 M rechts, 1 M links), 1 Rand-M.

2. R (Rück-R): 1 Rand-M, 2x (1 M rechts, 1 M links), 3 M rechts, 4 M links, 3 M rechts, 2 M links, 3 M rechts, 4 M links, 3 M rechts, 2x (1 M links, 1 M rechts), 1 Rand-M.

3.–4. R: Die 1. und 2. R wdh.

5. R (Zopf): 1 Rand-M, 2x (1 M links, 1 M rechts), 3 M links, 4 M auf eine Hilfs-Nd vor die Arbeit legen, 4 M rechts, dann die 4 M der Hilfs-Nd rechts str, 4 M auf eine Hilfs-Nd hinter die Arbeit legen, 4 M rechts, dann die 4 M der Hilfs-Nd rechts str, 3 M links, 2x (1 M rechts, 1 M links), 1 Rand-M.

6. R: 1 Rand-M, 2x (1 M rechts, 1 M links), 22 M links, 2x (1 M links, 1 M rechts), 1 Rand-M.

7.–12. R: Die 1. und 2. R 3 x wdh.

Die 1.–12. R insgesamt 9x str. Dann noch einmal bis zur 10. R str. Es sind nun 118 R gestrickt, die Rück-R zu Beginn nicht mitgerechnet. In der folgenden Hin-R alle M mustergemäß abk. Den Faden ca. 25 cm lang abschneiden und die Anschlag- und Abkettkante im Maschenstich zusammennähen. Alle Fäden vernähen. Das Stirnband anfeuchten, in Form ziehen und trocknen lassen.

STRICKSCHRIFT

FÜR DEN ZOPF

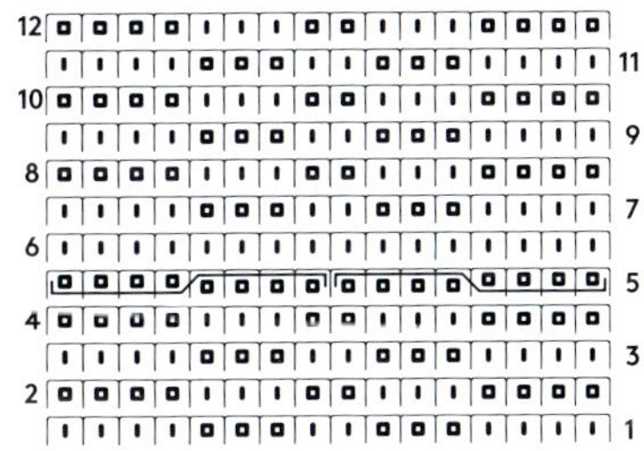

ELISA

Lässiges Stirnband in Flechtoptik

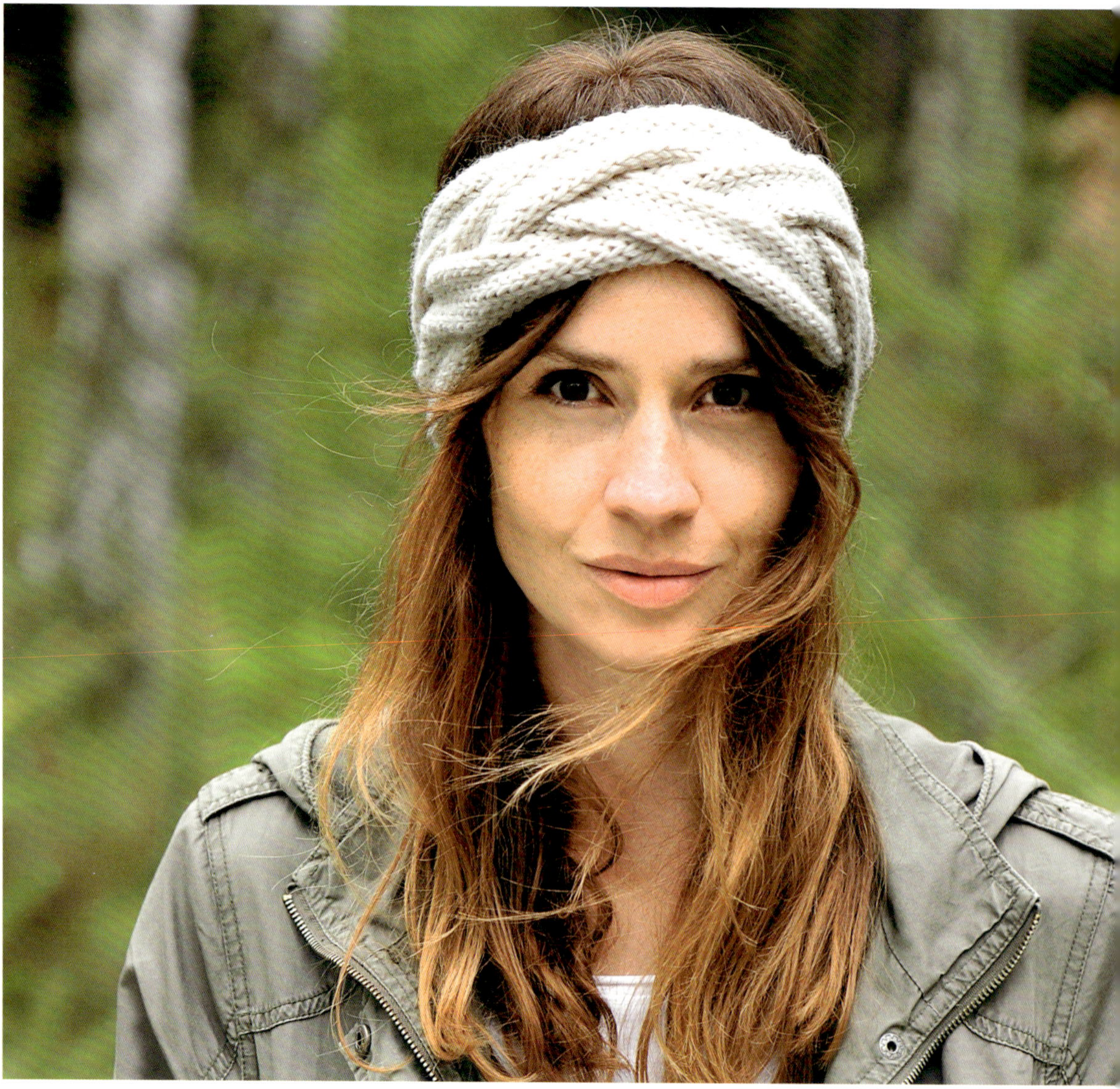

BASICS

GRÖSSE

Kopfumfang: 56–58 cm

Breite: ca. 10 cm

MATERIAL

- Lamana Puno (60 % Alpaka, 40 % Schurwolle (Merino); LL 60 m/50 g) in Natur (Fb 00), 100g
- Rundstricknadel 7,0 mm (60 cm) oder Nadelspiel 7,0 mm (20 cm)
- Zopf- oder Hilfsnadel
- Vernähnadel

GRUNDMUSTER

Randmasche: In Hin- und Rück-R die erste und letzte M immer rechts str.

Zopfmuster: Siehe Anleitung und Strickschrift. In der Strickschrift sind alle R dargestellt, Rück-R werden von links nach rechts, Hin-R von rechts nach links gelesen.

Glatt rechts: In Hin-R alle M rechts, in Rück-R alle M links str.

MASCHENPROBE

Glatt rechts mit Nd 7,0 mm: 16 M x 20 R = 10 x 10 cm

TIPP ***Das lockere Flechtmuster verleiht offenen Haaren einen lässig-romantischen Look und sieht auch in beerigen Farbtönen sehr hübsch aus.***

ANLEITUNG

26 M anschl und 4 R glatt rechts str, mit einer Rück-R beginnen.

Dann wie folgt im Zopfmuster str:

1. R (Rück-R): 1 Rand-M, 14 M links, 2x (2 U, 1 M links), 8 M links, 1 Rand-M.

2. R (Hin-R): 1 Rand-M, 8 M auf eine Hilfs-Nd vor die Arbeit legen, 2 M rechts, dabei die U der Vor-R fallen lassen und die M lang ziehen, die 8 M der Hilfs-Nd rechts str, 14 M rechts, 1 Rand-M.

3. R: 1 Rand-M, 12 M links, 2x (2 U, 1 M links), 10 M links, 1 Rand-M.

4. R: 1 Rand-M, 2 M rechts, 8 M auf eine Hilfs-Nd vor die Arbeit legen, 2 M rechts, dabei die U der Vor-R fallen lassen, die 8 M der Hilfs-Nd rechts str, 12 M rechts, 1 Rand-M.

5. R: 1 Rand-M, 10 M links, 2x (2 U, 1 M links), 12 M links, 1 Rand-M.

6. R: 1 Rand-M, 4 M rechts, 8 M auf eine Hilfs-Nd vor die Arbeit legen, 2 M rechts, dabei die U der Vor-R fallen lassen, die 8 M der Hilfs-Nd rechts str, 10 M rechts, 1 Rand-M.

7. R: 1 Rand-M, 8 M links, 2x (2 U, 1 M links), 14 M links, 1 Rand-M.

8. R: 1 Rand-M, 6 M rechts, 8 M auf eine Hilfs-Nd vor die Arbeit legen, 2 M rechts, dabei die U der Vor-R fallen lassen, die 8 M der Hilfs-Nd rechts str, 8 M rechts, 1 Rand-M.

9. R: 1 Rand-M, 8 M links, 2x (2 U, 1 M links), 14 M links, 1 Rand-M.

10. R: 1 Rand-M, 14 M rechts, 2 M auf eine Hilfs-Nd hinter die Arbeit legen, dabei die U der Vor-R fallen lassen und die M lang ziehen, 8 M rechts, die 2 langgezogenen M der Hilfs-Nd rechts str, 1 Rand-M.

11. R: 1 Rand-M, 10 M links, 2x (2 U, 1 M links), 12 M links, 1 Rand-M.

12. R: 1 Rand-M, 12 M rechts, 2 M auf eine Hilfs-Nd hinter die Arbeit legen, dabei die U der Vor-R fallen lassen, 8 M rechts, die 2 langgezogenen M der Hilfs-Nd rechts str, 2 M rechts, 1 Rand-M.

13. R: 1 Rand-M, 12 M links, 2x (2 U, 1 M links), 10 M links, 1 Rand-M.

14. R: 1 Rand M, 10 M rechts, 2 M auf eine Hilfs-Nd hinter die Arbeit legen, dabei die U der Vor-R fallen lassen, 8 M rechts, die 2 langgezogenen M der Hilfs-Nd rechts str, 4 M rechts, 1 Rand-M.

15. R: 1 Rand-M, 14 M links, 2x (2 U, 1 M links), 8 M links, 1 Rand-M.

16. R: 1 Rand M, 8 M rechts, 2 M auf eine Hilfs-Nd hinter die Arbeit legen, dabei die U der Vor-R fallen lassen und die M lang ziehen, 8 M rechts, die 2 langgezogenen M der Hilfs-Nd rechts str, 6 M rechts, 1 Rand-M.

Die 1.–16. R insgesamt 5x str. Danach 3 R glatt rechts str und in der folgenden Hin-R alle M rechts abk. Den Faden ca. 25 cm lang abschneiden und die Anschlag- und Abkettkante im Maschenstich zusammennähen. Alle Fäden vernähen. Das Stirnband anfeuchten, in Form ziehen und trocknen lassen.

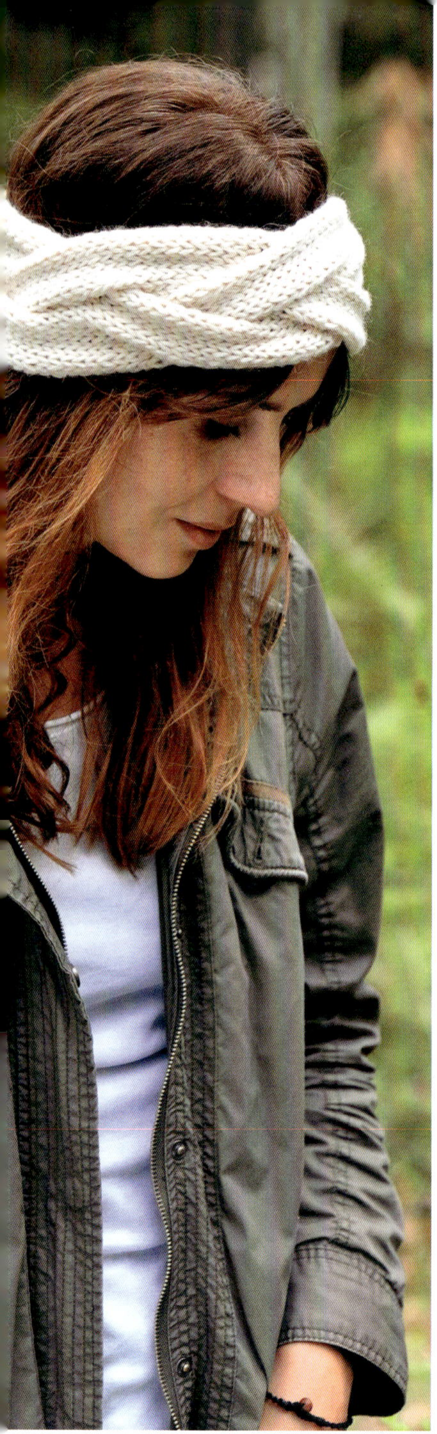

STRICKSCHRIFT

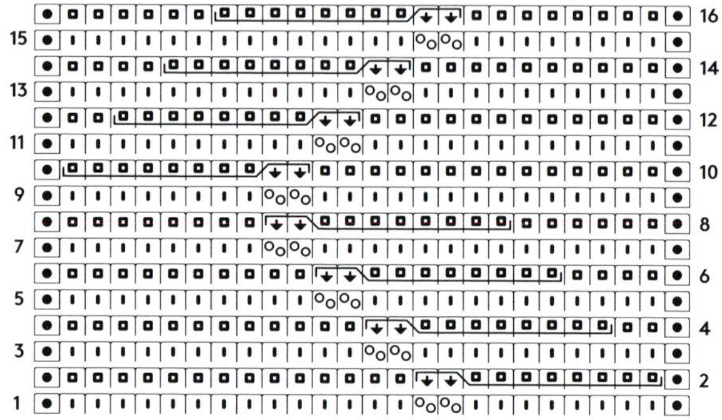

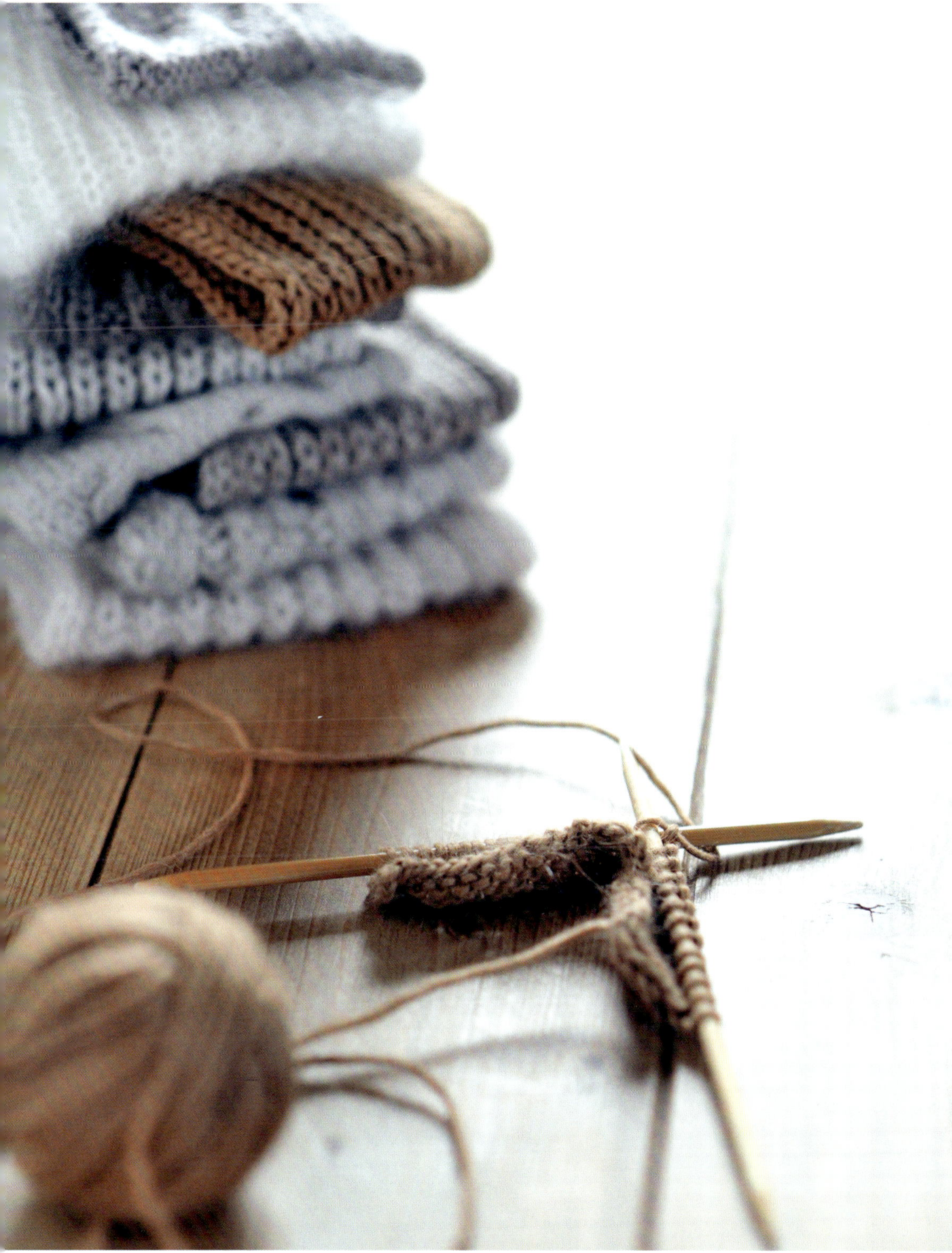

ÜBER DIE AUTORIN

Mein Name ist Susanne Müller und ich bin Diplom-Restauratorin für Steinobjekte. Nach meinem Studium war ich einige Jahre deutschlandweit auf Baustellen als Restauratorin unterwegs, bevor ich mich 2011 in Coburg niedergelassen und mein kleines Stricklabel Paula_m gegründet habe. Der Name steht für Paula Müller, meine Oma, die immer und überall gestrickt und gehäkelt hat.

In meinem Etsy-Shop verkaufe ich Anleitungen von Tops, Pullovern, Stirnbänder, Mützen, Schals und vielem mehr. Mein Ziel ist es, Kleidung und Accessoires zu schaffen, die gut aussehen und perfekt sitzen, dabei unkompliziert sind und doch das gewisse Etwas besitzen, das dezent ins Auge fällt.

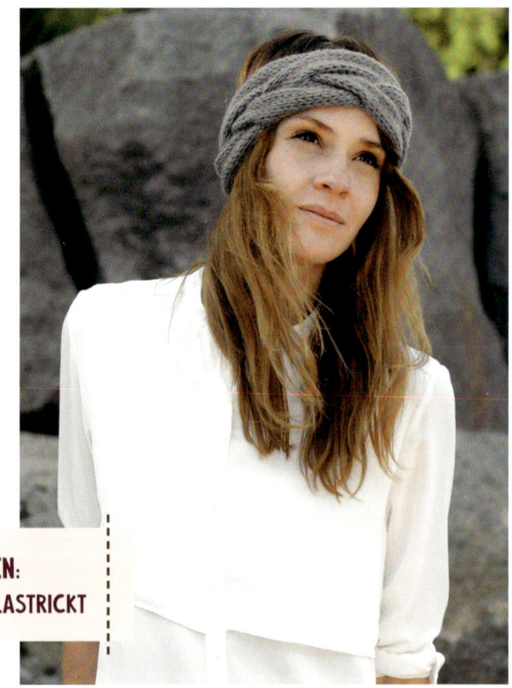

HIER KÖNNT IHR MICH FINDEN:
WWW.ETSY.COM/DE/SHOP/PAULASTRICKT

DANKSAGUNG

Ein großes Dankeschön geht an Kristina Hackert von umgarnt.de, die nicht nur einen Großteil der Wolle für dieses Buch zur Verfügung gestellt hat. Sie hat mir bei der Auswahl von Farben und Garnen für viele Modelle geholfen und geduldig zugehört, wann immer ich in ihrem wunderbaren Laden auftauchte und ohne Unterlass sehr ausgiebig über Stirnbänder redete.

Ich danke ebenso Lamana für die großzügigen Garnspenden und die stete, herrlich unkomplizierte Zusammenarbeit.

Kirsti Krügener danke ich für ihre Energie, Kreativität und Ausdauer, mit der sie sich immer wieder in meine kleine Strickwelt stürzt und meine Arbeit auf so wunderbare Weise in Bildern einfängt. Danke an Michel Janz für seine Geduld und wertvolle Kritik und an Luzie Janz für ihre charmante und gelassene Art, mit der sie während des Fotoshootings immer wieder für gute Laune gesorgt hat. Außerdem danke ich Simone Buhs für die spontane Lieferung von Mobiliar und Dekoration.

Ich bedanke mich bei meiner Mutter, die mir mit ihren flinken Händen immer dann geholfen hat, wenn ich es nicht mehr geschafft habe. Du bist die Beste!

Ein besonderer Dank geht an meinen Freund, für seine Liebe, Hilfe und Unterstützung – danke, dass du immer wieder so viel Verständnis aufbringst und mein Chaos erträgst.

Zu guter Letzt danke ich allen Mitarbeiter*innen des Verlags, die an diesem Buch beteiligt waren, für die gute Zusammenarbeit, insbesondere Anja Sommerfeld, die mich geduldig und mit Nerven aus Drahtseilen durch diese neue Herausforderung begleitet hat

Für meine Großmutter Paula Müller.

DIE BILDANLEITUNGEN ZU MILA, ÑOVA, UND ALVA GIBT ES AUCH ZUM DOWNLOAD (SIEHE QR-CODE S. 3).

Der Verlag und die Autorin danken folgenden Kooperationspartnern für die freundliche Unterstützung mit Garnen:

UmGarnt
NATURGARNE, ZUBEHÖR UND WORKSHOPS

LAMANA

buttinette

IMPRESSUM

Bibliografische Information der Deutschen Bibliothek.
Die Deutsche Bibliothek verzeichnet diese Publikation in der deutschen Nationalbibliografie.
Detaillierte bibliografische Daten sind im Internet über http://www.d-nb.de/abrufbar.

EIN BUCH DER EDITION MICHAEL FISCHER

1. Auflage 2022

Covergestaltung: Zoe Mitterhuber
Bilder: Corinna Teresa Brix, München (Cover, Titel, S. 22, 31, 40, 44, 54); Kirsti Krügener, Wedemark (alle weiteren)
Produktmanagement und Lektorat: Anja Sommerfeld, Anna Zwicklbauer
Layout: Meritt Hettwer und Carolin Mayer
Satz: Carolin Mayer
Illustrationen: Pia von Miller (S. 37, 41, 49)

ISBN 978-3-7459-1202-9

Gedruckt bei Polygraf Print, Čapajevova 44, 08001 Prešov, Slowakei

www.emf-verlag.de